经典诵读

主　编　徐信连　姜明军　张海连
副主编　蒲秀琼　王小丁　周　雨　张露云
参　编　彭　琼　蒋　文　冯　娜　何金琼
　　　　张怡翾

中国海洋大学出版社
·青岛·

图书在版编目(CIP)数据

经典诵读/徐信连,姜明军,张海连主编.—青岛:中国海洋大学出版社,2019.8

ISBN 978-7-5670-2385-7

Ⅰ.①经… Ⅱ.①徐… ②姜… ③张… Ⅲ.①大学语文课－高等学校－教材 Ⅳ.①H19

中国版本图书馆CIP数据核字(2019)第186902号

出版发行	中国海洋大学出版社		
社　　址	青岛市香港东路23号	邮政编码	266071
出 版 人	杨立敏		
网　　址	http://pub.ouc.edu.cn/		
电子信箱	sjyybook@163.com		
订购电话	010-53517101		
责任编辑	王积庆	电　　话	0532-85902349
印　　制	青岛中苑金融安全印刷有限公司		
版　　次	2021年4月第1版		
印　　次	2021年4月第1次印刷		
成品尺寸	145 mm×210 mm		
印　　张	8		
字　　数	161千		
定　　价	34.20元		

发现印装质量问题,请致电0532-8566115,由印刷厂负责调换。

序　言

　　翻开人类文明史册，无数杰出人物在各个知识领域创立了经久不衰的著述，阐释了不因时间的流逝而改变的基本价值。楚骚汉赋、唐诗宋词、现代美文，中外文学经典，灿若星海。作为人类文化的瑰宝，经典凝聚绵延着先哲圣贤的思想与智慧，记录传承着各民族基因中的最高智慧，它们在不同时代曾经照亮不同民族的文化星空与艺术苑囿，并在人类文化的历史长河中薪火相传。

　　读万卷书，行万里路。为了建设良好学风，学校开展每日清晨经典诵读活动，旨在引领学生通过不断地诵读，丰富自身的语言积累，提高语言表达能力，让学生在经典篇章的思想指引下强根固本、趋正避邪，从而达到提升思想境界、净化心灵、锻造高尚人格的目的。有鉴于此，我们编写了这本朗诵读本。

　　基于实际需求和覆盖面的考虑，全书共编选中外经典文学作品165篇，内容涵盖古诗文、现当代诗文、外国诗歌。值得一提的是，我们在总体以时代、国别为序编排的基础上，特别选录了一章"革命诗文"，以此来缅怀革命先烈，传承革命精神。

　　先圣先贤已经垂范在前，我们所能做的只是整理和编辑。但古今中外文学经典浩如烟海，即使弱水三千只取一瓢

经典诵读

亦是恒河沙数,难以囊括。加之编者水平有限,缺憾在所难免。幸好,这读本中的每一篇作品都是历久弥新的经典,期望日日的诵读浸润能让朗读者从中汲取智慧的力量,立君子品,做有德人。

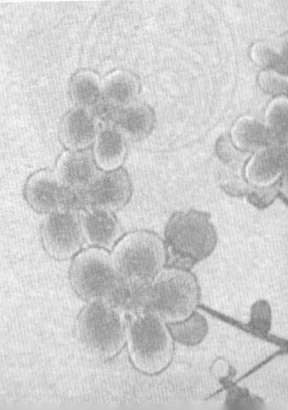

目 录

中国篇

第一章　古诗文

一、国风·秦风·无衣 …………………………〔周〕佚名（2）
二、九歌·山鬼 …………………………〔战国〕屈原（3）
三、凤求凰 …………………………〔汉〕司马相如（5）
四、李延年歌 …………………………〔汉〕李延年（6）
五、长歌行 …………………………〔汉〕汉乐府（7）
六、上邪 …………………………〔汉〕汉乐府（8）
七、生年不满百 …………………………〔汉〕佚名（9）
八、蒿里行 …………………………〔汉〕曹操（10）
九、赠从弟 …………………………〔汉〕刘桢（11）
十、读山海经·其一 …………………………〔晋〕陶渊明（12）
十一、石壁精舍还湖中作 …………〔南北朝〕谢灵运（13）
十二、咏怀 …………………………〔唐〕骆宾王（14）
十三、长安古意 …………………………〔唐〕卢照邻（15）
十四、春江花月夜 …………………………〔唐〕张若虚（17）
十五、送杜少府之任蜀州 …………………〔唐〕王勃（18）
十六、从军行 …………………………〔唐〕杨炯（19）
十七、代悲白头翁 …………………………〔唐〕刘希夷（20）
十八、与诸子登岘山 …………………………〔唐〕孟浩然（21）

· 1 ·

十九、从军行七首 …………………………〔唐〕王昌龄 (22)

二十、终南别业 ……………………………〔唐〕王维 (24)

二十一、秋风词 ……………………………〔唐〕李白 (25)

二十二、别董大二首 ………………………〔唐〕高适 (26)

二十三、柏学士茅屋 ………………………〔唐〕杜甫 (27)

二十四、白雪歌送武判官归京 ……………〔唐〕岑参 (28)

二十五、游子吟 ……………………………〔唐〕孟郊 (29)

二十六、登柳州城楼寄漳汀封连四州 ……〔唐〕柳宗元 (30)

二十七、浪淘沙九首 ………………………〔唐〕刘禹锡 (31)

二十八、卖炭翁 ……………………………〔唐〕白居易 (33)

二十九、过华清宫绝句三首 ………………〔唐〕杜牧 (34)

三十、乐游原 ………………………………〔唐〕李商隐 (35)

三十一、谒金门·风乍起 …………………〔五代十国〕冯延巳 (36)

三十二、相见欢·无言独上西楼 …………〔五代十国〕李煜 (37)

三十三、望海潮·东南形胜 ………………〔宋〕柳永 (38)

三十四、卜算子·黄州定慧院寓居作 ……〔宋〕苏轼 (39)

三十五、秋旅 ………………………………〔宋〕苏辙 (40)

三十六、声声慢·寻寻觅觅 ………………〔宋〕李清照 (41)

三十七、满江红·写怀 ……………………〔宋〕岳飞 (42)

三十八、钗头凤·红酥手 …………………〔宋〕陆游 (43)

三十九、四时田园杂兴·其二 ……………〔宋〕范成大 (44)

四十、青玉案·元夕 ………………………〔宋〕辛弃疾 (45)

四十一、阳春曲·春景 ……………………〔元〕胡祗遹 (46)

四十二、今日歌 ……………………………〔明〕文嘉 (47)

四十三、赴戍登程口占示家人 ……………〔清〕林则徐 (48)

四十四、己亥杂诗（其五） ………………〔清〕龚自珍 (49)

四十五、《老子》节选 ………………………………… (50)

四十六、"四书"节选 ………………………………… (51)

四十七、《荀子》节选 ………………………………… (53)

四十八、《礼记》节选 ………………………………… (54)

四十九、归田赋 ………………………… 〔汉〕张衡 (55)

五十、诫子书 …………………………〔三国〕诸葛亮 (56)

五十一、洛神赋 ………………………〔三国〕曹植 (57)

五十二、师说 …………………………… 〔唐〕韩愈 (60)

五十三、秋声赋 ……………………… 〔宋〕欧阳修 (62)

五十四、六国论 ………………………… 〔宋〕苏洵 (64)

五十五、爱莲说 ……………………… 〔宋〕周敦颐 (66)

五十六、墨池记 ………………………… 〔宋〕曾巩 (67)

五十七、上人书 ………………………〔宋〕王安石 (68)

五十八、读书要三到 …………………… 〔宋〕朱熹 (69)

五十九、笠翁对韵·一东 ……………… 〔清〕李渔 (70)

六十、黄生借书说 ……………………… 〔清〕袁枚 (71)

第二章 现当代诗文

一、一念 ………………………………………… 胡适 (72)

二、教我如何不想她 …………………………… 刘半农 (73)

三、炉中煤 ……………………………………… 郭沫若 (74)

四、再别康桥 …………………………………… 徐志摩 (76)

五、死水 ………………………………………… 闻一多 (78)

六、时间是一把剪刀 …………………………… 汪静之 (79)

七、你是人间的四月天 ………………………… 林徽因 (80)

八、雨巷 ………………………………………… 戴望舒 (81)

九、我爱这土地 ………………………………… 艾青 (83)

· 3 ·

经典诵读

十、断章 …………………………………… 卞之琳 (84)

十一、春 …………………………………… 穆旦 (85)

十二、祈求 ………………………………… 蔡其矫 (86)

十三、月之故乡 …………………………… 彭邦桢 (87)

十四、我遥望 ……………………………… 曾卓 (88)

十五、从前慢 ……………………………… 木心 (89)

十六、乡愁 ………………………………… 余光中 (90)

十七、众荷喧哗 …………………………… 洛夫 (91)

十八、错误 ………………………………… 郑愁予 (93)

十九、一棵开花的树 ……………………… 席慕蓉 (94)

二十、相信未来 …………………………… 食指 (95)

二十一、回答 ……………………………… 北岛 (97)

二十二、阳光中的向日葵 ………………… 芒克 (99)

二十三、致橡树 …………………………… 舒婷 (100)

二十四、远方的朋友 ……………………… 于坚 (102)

二十五、我感到了阳光 …………………… 王小妮 (104)

二十六、门前 ……………………………… 顾城 (105)

二十七、热爱生命 ………………………… 汪国真 (107)

二十八、一夜肖邦 ………………………… 欧阳江河 (108)

二十九、山民 ……………………………… 韩东 (110)

三十、镜中 ………………………………… 张枣 (112)

三十一、在哈尔盖仰望星空 ……………… 西川 (113)

三十二、面朝大海,春暖花开 …………… 海子 (114)

三十三、献给黄昏的星 …………………… 戈麦 (115)

三十四、冬日黎明 ………………………… 西渡 (116)

三十五、班扎古鲁白玛的沉默 …… 扎西拉姆·多多 (118)

目 录

三十六、种子的选择 ……………………… 易白 (119)

三十七、假如我是一道光 ………………… 灵遁者 (120)

三十八、最苦与最乐 ……………………… 梁启超 (122)

三十九、雪 ………………………………… 鲁迅 (125)

四十、落花生 ……………………………… 许地山 (127)

四十一、人生像一首诗 …………………… 林语堂 (129)

四十二、江南的冬景 ……………………… 郁达夫 (131)

四十三、白杨礼赞 ………………………… 茅盾 (135)

四十四、月朦胧，鸟朦胧，帘卷海棠红 …… 朱自清 (138)

四十五、渐 ………………………………… 丰子恺 (140)

四十六、济南的冬天 ……………………… 老舍 (143)

四十七、春来 ……………………………… 俞平伯 (145)

四十八、小橘灯 …………………………… 冰心 (146)

四十九、时间即生命 ……………………… 梁实秋 (150)

五十、繁星 ………………………………… 巴金 (152)

五十一、一个偏见 ………………………… 钱钟书 (154)

五十二、大雁塔抒情 ……………………… 秦牧 (156)

五十三、非走不可的弯路 ………………… 张爱玲 (160)

五十四、蚕 ………………………………… 雷抒雁 (162)

五十五、不满足的人比满足的猪幸福 …… 周国平 (164)

五十六、还生命以过程 …………………… 余秋雨 (165)

五十七、秋天的怀念 ……………………… 史铁生 (167)

五十八、家问 ……………………………… 毕淑敏 (169)

五十九、浴着光辉的母亲 ………………… 林清玄 (173)

六十、生活本该如此 ……………………… 莫言 (175)

· 5 ·

经典诵读

第三章 革命诗文

一、无题 ………………………………… 孙中山（177）

二、黄海舟中日人索句并见日俄战争地图 ……… 秋瑾（178）

三、吊鉴湖秋女士 ……………………… 柳亚子（179）

四、送儿上前线 ………………………… 任锐（180）

五、七律·长征 ………………………… 毛泽东（181）

六、带镣行 ……………………………… 刘伯坚（182）

七、囚歌 ………………………………… 叶挺（183）

八、热血歌 ……………………………… 李叔敬（184）

九、一种云 ……………………………… 瞿秋白（185）

十、清贫 ………………………………… 方志敏（187）

十一、我们的中国 ……………………… 郑振铎（190）

十二、过新年 …………………………… 张天汉（192）

十三、梅岭三章 ………………………… 陈毅（193）

十四、自由鸟 …………………………… 黎时中（194）

十五、学生准则 ………………………… 蒋琼林（195）

十六、七言绝句 ………………………… 苏俊（196）

十七、我为什么从军 …………………… 陈修文（197）

十八、西江月·遵义大捷 ……………… 张爱萍（198）

十九、迎接胜利 ………………………… 何雪松（199）

二十、到解放区去 ……………………… 江竹筠（200）

二十一、我的"自白"书 ………………… 陈然（202）

二十二、意志在闪光 …………………… 蔡梦慰（203）

二十三、为祖国而歌 …………………… 胡风（205）

二十四、丰碑在民间 …………………… 高占祥（208）

二十五、我骄傲，我是中国人 ………… 王怀让（213）

外国篇

一、你的长夏永远不会凋谢 ………… 〔英国〕莎士比亚（218）
二、《西风颂》选段 ………………… 〔英国〕雪莱（219）
三、我孤独地漫游，像一朵云 …… 〔英国〕威廉·华兹华斯（220）
四、我见过你哭 ……………………… 〔英国〕拜伦（222）
五、如果记住就是忘却 ………… 〔美国〕艾米莉·狄金森（223）
六、未选择的路 …………… 〔美国〕罗伯特·弗罗斯特（224）
七、诗人走在田野上 ………………… 〔法国〕雨果（225）
八、幸福的憧憬 ……………………… 〔德国〕歌德（226）
九、美好的一天 ……………………… 〔波兰〕米沃什（227）
十、我愿意是急流 ………………… 〔匈牙利〕裴多菲（228）
十一、爱的佳节 …………………… 〔奥地利〕莱瑙（230）
十二、我喜欢你是寂静的 ………… 〔智利〕聂鲁达（231）
十三、生如夏花 …………………… 〔印度〕泰戈尔（232）
十四、茅屋 ………………………… 〔丹麦〕安徒生（234）
十五、当你老了 …………………… 〔爱尔兰〕叶芝（235）
十六、在我心灵深处 ……………… 〔日本〕岛崎藤村（236）
十七、我不再归去 ………………… 〔西班牙〕希梅内斯（238）
十八、庄严的声明 ………………… 〔葡萄牙〕肯塔尔（239）
十九、海涛 ……………………… 〔意大利〕夸西莫多（240）
二十、致大海 ……………………… 〔俄国〕普希金（242）

中国篇

第一章　古诗文

一、国风·秦风·无衣

〔周〕佚名

岂曰无衣？与子同袍。

王于兴师，修我戈矛。与子同仇！

岂曰无衣？与子同泽。

王于兴师，修我矛戟。与子偕作！

岂曰无衣？与子同裳。

王于兴师，修我甲兵。与子偕行！

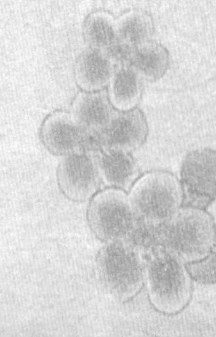

二、九歌·山鬼

〔战国〕屈原

若有人兮山之阿,
被薜荔兮带女萝。
既含睇兮又宜笑,
子慕予兮善窈窕。
乘赤豹兮从文狸,
辛夷车兮结桂旗。
被石兰兮带杜衡,
折芳馨兮遗所思。
余处幽篁兮终不见天,
路险难兮独后来。
表独立兮山之上,
云容容兮而在下。
杳冥冥兮羌昼晦,
东风飘兮神灵雨。
留灵修兮憺忘归,
岁既晏兮孰华予?
采三秀兮于山间,
石磊磊兮葛蔓蔓。

经典诵读

怨公子兮怅忘归,
君思我兮不得闲。
山中人兮芳杜若,
饮石泉兮荫松柏,
君思我兮然疑作。
雷填填兮雨冥冥,
猿啾啾兮狖夜鸣。
风飒飒兮木萧萧,
思公子兮徒离忧。

三、凤求凰

〔汉〕司马相如

其一

有一美人兮,见之不忘。
一日不见兮,思之如狂。
凤飞翱翔兮,四海求凰。
无奈佳人兮,不在东墙。
将琴代语兮,聊写衷肠。
何时见许兮,慰我彷徨。
愿言配德兮,携手相将。
不得于飞兮,使我沦亡。

其二

凤兮凤兮归故乡,遨游四海求其凰。
时未遇兮无所将,何悟今兮升斯堂!
有艳淑女在闺房,室迩人遐毒我肠。
何缘交颈为鸳鸯,胡颉颃兮共翱翔!
凰兮凰兮从我栖,得托孳尾永为妃。
交情通意心和谐,中夜相从知者谁?
双翼俱起翻高飞,无感我思使余悲。

四、李延年歌

〔汉〕李延年

北方有佳人,
绝世而独立。
一顾倾人城,
再顾倾人国。
宁不知倾城与倾国?
佳人难再得。

五、长歌行

〔汉〕汉乐府

青青园中葵,朝露待日晞。
阳春布德泽,万物生光辉。
常恐秋节至,焜黄华叶衰。
百川东到海,何时复西归?
少壮不努力,老大徒伤悲。

六、上邪

〔汉〕汉乐府

上邪!
我欲与君相知,
长命无绝衰。
山无陵,
江水为竭,
冬雷震震,
夏雨雪,
天地合,
乃敢与君绝!

〔汉〕佚名

生年不满百,常怀千岁忧。
昼短苦夜长,何不秉烛游!
为乐当及时,何能待来兹?
愚者爱惜费,但为后世嗤。
仙人王子乔,难可与等期。

八、蒿里行

〔汉〕曹操

关东有义士,兴兵讨群凶。
初期会盟津,乃心在咸阳。
军合力不齐,踌躇而雁行。
势利使人争,嗣还自相戕。
淮南弟称号,刻玺于北方。
铠甲生虮虱,万姓以死亡。
白骨露于野,千里无鸡鸣。
生民百遗一,念之断人肠。

九、赠从弟

〔汉〕刘桢

其一

泛泛东流水,磷磷水中石。
蘋藻生其涯,华叶纷扰溺。
采之荐宗庙,可以羞嘉客。
岂无园中葵?懿此出深泽。

其二

亭亭山上松,瑟瑟谷中风。
风声一何盛,松枝一何劲!
冰霜正惨凄,终岁常端正。
岂不罹凝寒?松柏有本性。

其三

凤皇集南岳,徘徊孤竹根。
于心有不厌,奋翅凌紫氛。
岂不常勤苦?羞与黄雀群。
何时当来仪?将须圣明君。

十、读山海经·其一

〔晋〕陶渊明

孟夏草木长,绕屋树扶疏。
众鸟欣有托,吾亦爱吾庐。
既耕亦已种,时还读我书。
穷巷隔深辙,颇回故人车。
欢然酌春酒,摘我园中蔬。
微雨从东来,好风与之俱。
泛览《周王传》,流观《山海》图。
俯仰终宇宙,不乐复何如?

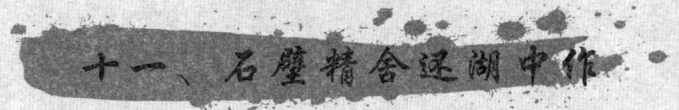

十一、石壁精舍还湖中作

〔南北朝〕谢灵运

昏旦变气候，山水含清晖。
清晖能娱人，游子憺忘归。
出谷日尚早，入舟阳已微。
林壑敛暝色，云霞收夕霏。
芰荷迭映蔚，蒲稗相因依。
披拂趋南径，愉悦偃东扉。
虑澹物自轻，意惬理无违。
寄言摄生客，试用此道推。

经典诵读

十二、咏怀

〔唐〕骆宾王

少年识事浅,不知交道难。
一言芬若桂,四海臭如兰。
宝剑思存楚,金锤许报韩。
虚心徒有托,循迹谅无端。
太息关山险,吁嗟岁月阑。
忘机殊会俗,守拙异怀安。
阮籍空长啸,刘琨独未欢。
十步庭芳敛,三秋陇月团。
槐疏非尽意,松晚夜凌寒。
悲调弦中急,穷愁醉里宽。
莫将流水引,空向俗人弹。

十三、长安古意

〔唐〕卢照邻

长安大道连狭斜,青牛白马七香车。
玉辇纵横过主第,金鞭络绎向侯家。
龙衔宝盖承朝日,凤吐流苏带晚霞。
百尺游丝争绕树,一群娇鸟共啼花。
游蜂戏蝶千门侧,碧树银台万种色。
复道交窗作合欢,双阙连甍垂凤翼。
梁家画阁中天起,汉帝金茎云外直。
楼前相望不相知,陌上相逢讵相识?
借问吹箫向紫烟,曾经学舞度芳年。
得成比目何辞死,愿作鸳鸯不羡仙。
比目鸳鸯真可羡,双去双来君不见?
生憎帐额绣孤鸾,好取门帘帖双燕。
双燕双飞绕画梁,罗帷翠被郁金香。
片片行云着蝉鬓,纤纤初月上鸦黄。
鸦黄粉白车中出,含娇含态情非一。
妖童宝马铁连钱,娼妇盘龙金屈膝。
御史府中乌夜啼,廷尉门前雀欲栖。
隐隐朱城临玉道,遥遥翠幰没金堤。
挟弹飞鹰杜陵北,探丸借客渭桥西。
俱邀侠客芙蓉剑,共宿娼家桃李蹊。

经典诵读

娼家日暮紫罗裙，清歌一啭口氛氲。
北堂夜夜人如月，南陌朝朝骑似云。
南陌北堂连北里，五剧三条控三市。
弱柳青槐拂地垂，佳气红尘暗天起。
汉代金吾千骑来，翡翠屠苏鹦鹉杯。
罗襦宝带为君解，燕歌赵舞为君开。
别有豪华称将相，转日回天不相让。
意气由来排灌夫，专权判不容萧相。
专权意气本豪雄，青虬紫燕坐春风。
自言歌舞长千载，自谓骄奢凌五公。
节物风光不相待，桑田碧海须臾改。
昔时金阶白玉堂，即今惟见青松在。
寂寂寥寥扬子居，年年岁岁一床书。
独有南山桂花发，飞来飞去袭人裾。

十四、春江花月夜

〔唐〕张若虚

春江潮水连海平,海上明月共潮生。
滟滟随波千万里,何处春江无月明!
江流宛转绕芳甸,月照花林皆似霰;
空里流霜不觉飞,汀上白沙看不见。
江天一色无纤尘,皎皎空中孤月轮。
江畔何人初见月?江月何年初照人?
人生代代无穷已,江月年年望相似。
不知江月待何人,但见长江送流水。
白云一片去悠悠,青枫浦上不胜愁。
谁家今夜扁舟子?何处相思明月楼?
可怜楼上月徘徊,应照离人妆镜台。
玉户帘中卷不去,捣衣砧上拂还来。
此时相望不相闻,愿逐月华流照君。
鸿雁长飞光不度,鱼龙潜跃水成文。
昨夜闲潭梦落花,可怜春半不还家。
江水流春去欲尽,江潭落月复西斜。
斜月沉沉藏海雾,碣石潇湘无限路。
不知乘月几人归,落月摇情满江树。

十五、送杜少府之任蜀州

〔唐〕王勃

城阙辅三秦,风烟望五津。
与君离别意,同是宦游人。
海内存知己,天涯若比邻。
无为在歧路,儿女共沾巾。

十六、从军行

〔唐〕杨炯

烽火照西京,心中自不平。
牙璋辞凤阙,铁骑绕龙城。
雪暗凋旗画,风多杂鼓声。
宁为百夫长,胜作一书生。

十七、代悲白头翁

〔唐〕刘希夷

洛阳城东桃李花,飞来飞去落谁家?
洛阳女儿惜颜色,坐见落花长叹息。
今年花落颜色改,明年花开复谁在?
已见松柏摧为薪,更闻桑田变成海。
古人无复洛城东,今人还对落花风。
年年岁岁花相似,岁岁年年人不同。
寄言全盛红颜子,应怜半死白头翁。
此翁白头真可怜,伊昔红颜美少年。
公子王孙芳树下,清歌妙舞落花前。
光禄池台文锦绣,将军楼阁画神仙。
一朝卧病无相识,三春行乐在谁边?
宛转蛾眉能几时?须臾鹤发乱如丝。
但看古来歌舞地,唯有黄昏鸟雀悲。

十八、与诸子登岘山

〔唐〕孟浩然

人事有代谢,往来成古今。
江山留胜迹,我辈复登临。
水落鱼梁浅,天寒梦泽深。
羊公碑尚在,读罢泪沾襟。

十九、从军行七首

〔唐〕王昌龄

其一
烽火城西百尺楼,黄昏独上海风秋。
更吹羌笛关山月,无那金闺万里愁。

其二
琵琶起舞换新声,总是关山旧别情。
撩乱边愁听不尽,高高秋月照长城。

其三
关城榆叶早疏黄,日暮云沙古战场。
表请回军掩尘骨,莫教兵士哭龙荒。

其四
青海长云暗雪山,孤城遥望玉门关。
黄沙百战穿金甲,不破楼兰终不还。

其五
大漠风尘日色昏,红旗半卷出辕门。
前军夜战洮河北,已报生擒吐谷浑。

其六
胡瓶落膊紫薄汗,碎叶城西秋月团。
明敕星驰封宝剑,辞君一夜取楼兰。

其七
玉门山嶂几千重,山北山南总是烽。
人依远戍须看火,马踏深山不见踪。

二十、终南别业

〔唐〕王维

中岁颇好道,晚家南山陲。
兴来每独往,胜事空自知。
行到水穷处,坐看云起时。
偶然值林叟,谈笑无还期。

二十一、秋风词

〔唐〕李白

秋风清,秋月明,
落叶聚还散,寒鸦栖复惊。
相思相见知何日?此时此夜难为情!
入我相思门,知我相思苦,
长相思兮长相忆,短相思兮无穷极,
早知如此绊人心,何如当初莫相识。

二十二、别董大二首

〔唐〕高适

其一

千里黄云白日曛,北风吹雁雪纷纷。
莫愁前路无知己,天下谁人不识君?

其二

六翮飘飖私自怜,一离京洛十余年。
丈夫贫贱应未足,今日相逢无酒钱。

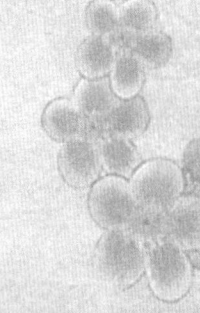

二十三、柏学士茅屋

〔唐〕杜甫

碧山学士焚银鱼,白马却走深岩居。
古人已用三冬足,年少今开万卷余。
晴云满户团倾盖,秋水浮阶溜决渠。
富贵必从勤苦得,男儿须读五车书。

经典诵读

二十四、白雪歌送武判官归京

〔唐〕岑参

北风卷地白草折,胡天八月即飞雪。
忽如一夜春风来,千树万树梨花开。
散入珠帘湿罗幕,狐裘不暖锦衾薄。
将军角弓不得控,都护铁衣冷难着。
瀚海阑干百丈冰,愁云惨淡万里凝。
中军置酒饮归客,胡琴琵琶与羌笛。
纷纷暮雪下辕门,风掣红旗冻不翻。
轮台东门送君去,去时雪满天山路。
山回路转不见君,雪上空留马行处。

二十五、游子吟

〔唐〕孟郊

慈母手中线,游子身上衣。
临行密密缝,意恐迟迟归。
谁言寸草心,报得三春晖。

二十六、登柳州城楼寄漳汀封连四州

〔唐〕柳宗元

城上高楼接大荒,海天愁思正茫茫。
惊风乱飐芙蓉水,密雨斜侵薜荔墙。
岭树重遮千里目,江流曲似九回肠。
共来百越文身地,犹自音书滞一乡。

二十七、浪淘沙九首

〔唐〕刘禹锡

其一
九曲黄河万里沙,浪淘风簸自天涯。
如今直上银河去,同到牵牛织女家。

其二
洛水桥边春日斜,碧流清浅见琼砂。
无端陌上狂风疾,惊起鸳鸯出浪花。

其三
汴水东流虎眼文,清淮晓色鸭头春。
君看渡口淘沙处,渡却人间多少人。

其四
鹦鹉洲头浪飐沙,青楼春望日将斜。
衔泥燕子争归舍,独自狂夫不忆家。

经典诵读

其五
濯锦江边两岸花,春风吹浪正淘沙。
女郎剪下鸳鸯锦,将向中流匹晚霞。

其六
日照澄洲江雾开,淘金女伴满江隈。
美人首饰侯王印,尽是沙中浪底来。

其七
八月涛声吼地来,头高数丈触山回。
须臾却入海门去,卷起沙堆似雪堆。

其八
莫道谗言如浪深,莫言迁客似沙沉。
千淘万漉虽辛苦,吹尽狂沙始到金。

其九
流水淘沙不暂停,前波未灭后波生。
令人忽忆潇湘渚,回唱迎神三两声。

二十八、卖炭翁

〔唐〕白居易

卖炭翁，伐薪烧炭南山中。
满面尘灰烟火色，两鬓苍苍十指黑。
卖炭得钱何所营？身上衣裳口中食。
可怜身上衣正单，心忧炭贱愿天寒。
夜来城外一尺雪，晓驾炭车辗冰辙。
牛困人饥日已高，市南门外泥中歇。
翩翩两骑来是谁？黄衣使者白衫儿。
手把文书口称敕，回车叱牛牵向北。
一车炭，千余斤，宫使驱将惜不得。
半匹红纱一丈绫，系向牛头充炭直。

二十九、过华清宫绝句三首

〔唐〕杜牧

其一

长安回望绣成堆,山顶千门次第开。
一骑红尘妃子笑,无人知是荔枝来。

其二

新丰绿树起黄埃,数骑渔阳探使回。
霓裳一曲千峰上,舞破中原始下来。

其三

万国笙歌醉太平,倚天楼殿月分明。
云中乱拍禄山舞,风过重峦下笑声。

三十、乐游原

〔唐〕李商隐

向晚意不适,驱车登古原。
夕阳无限好,只是近黄昏。

三十一、谒金门·风乍起

〔五代十国〕冯延巳

风乍起,吹皱一池春水。
闲引鸳鸯香径里,手挼红杏蕊。

斗鸭阑干独倚,碧玉搔头斜坠。
终日望君君不至,举头闻鹊喜。

三十二、相见欢·无言独上西楼

〔五代十国〕李煜

无言独上西楼,月如钩。
寂寞梧桐深院锁清秋。

剪不断,理还乱,是离愁。
别是一般滋味在心头。

三十三、望海潮·东南形胜

〔宋〕柳永

东南形胜，三吴都会，钱塘自古繁华。烟柳画桥，风帘翠幕，参差十万人家。云树绕堤沙，怒涛卷霜雪，天堑无涯。市列珠玑，户盈罗绮，竞豪奢。

重湖叠巘清嘉，有三秋桂子，十里荷花。羌管弄晴，菱歌泛夜，嬉嬉钓叟莲娃。千骑拥高牙，乘醉听箫鼓，吟赏烟霞。异日图将好景，归去凤池夸。

三十四、卜算子·黄州定慧院寓居作

〔宋〕苏轼

缺月挂疏桐,漏断人初静。
谁见幽人独往来,缥缈孤鸿影。

惊起却回头,有恨无人省。
拣尽寒枝不肯栖,寂寞沙洲冷。

三十五、秋稼

〔宋〕苏辙

雨晴秋稼如云屯,豆没鸡兔禾没人。
老农欢笑语行路,十年俭薄无今晨。
无风无雨更一月,藜羹黍饭供四邻。
天公似许百姓足,人事未可一二论。
穷边逃卒到处满,烧场入室才逡巡。
县符星火杂鞭箠,解衣乞与犹怒嗔。
我愿人心似天意,爱惜老弱怜孤贫。
古来尧舜知有否,诗书到此皆空文。

三十六、声声慢·寻寻觅觅

〔宋〕李清照

寻寻觅觅，冷冷清清，凄凄惨惨戚戚。乍暖还寒时候，最难将息。三杯两盏淡酒，怎敌他、晚来风急！雁过也，正伤心，却是旧时相识。

满地黄花堆积，憔悴损，如今有谁堪摘？守着窗儿，独自怎生得黑！梧桐更兼细雨，到黄昏、点点滴滴。这次第，怎一个愁字了得！

三十七、满江红·写怀

〔宋〕岳飞

怒发冲冠,凭阑处、潇潇雨歇。
抬望眼,仰天长啸,壮怀激烈。
三十功名尘与土,八千里路云和月。
莫等闲、白了少年头,空悲切。

靖康耻,犹未雪;
臣子恨,何时灭?
驾长车,踏破贺兰山缺。
壮志饥餐胡虏肉,笑谈渴饮匈奴血。
待从头、收拾旧山河,朝天阙。

三十八、钗头凤·红酥手

〔宋〕陆游

红酥手,黄滕酒,
满城春色宫墙柳。
东风恶,欢情薄。
一怀愁绪,几年离索。
错、错、错!

春如旧,人空瘦,
泪痕红浥鲛绡透。
桃花落,闲池阁。
山盟虽在,锦书难托。
莫、莫、莫!

三十九、四时田园杂兴·其二

〔宋〕范成大

梅子金黄杏子肥,麦花雪白菜花稀。

日长篱落无人过,惟有蜻蜓蛱蝶飞。

四十、青玉案·元夕

〔宋〕辛弃疾

东风夜放花千树,
更吹落、星如雨。
宝马雕车香满路。
凤箫声动,玉壶光转,一夜鱼龙舞。

蛾儿雪柳黄金缕,
笑语盈盈暗香去。
众里寻他千百度,
蓦然回首,那人却在,灯火阑珊处。

四十一、阳春曲·春景

〔元〕胡祗遹

几枝红雪墙头杏,数点青山屋上屏。

一春能得几晴明?三月景,宜醉不宜醒。

残花酝酿蜂儿蜜,细雨调和燕子泥。

绿窗春睡觉来迟。谁唤起?窗外晓莺啼。

一帘红雨桃花谢,十里清阴柳影斜。

洛阳花酒一时别。春去也,闲煞旧蜂蝶。

四十二、今日歌

〔明〕文嘉

今日复今日,今日何其少!
今日又不为,此事何时了?
人生百年几今日,今日不为真可惜!
若言姑待明朝至,明朝又有明朝事。
为君聊赋《今日诗》,努力请从今日始!

四十三、赴戍登程口占示家人

〔清〕林则徐

其一

出门一笑莫心哀,浩荡襟怀到处开。
时事难从无过立,达官非自有生来。
风涛回首空三岛,尘壤从头数九垓。
休信儿童轻薄语,嗤他赵老送灯台。

其二

力微任重久神疲,再竭衰庸定不支。
苟利国家生死以,岂因祸福避趋之?
谪居正是君恩厚,养拙刚于戍卒宜。
戏与山妻谈故事,试吟断送老头皮。

四十四、己亥杂诗(其五)

〔清〕龚自珍

浩荡离愁白日斜,吟鞭东指即天涯。
落红不是无情物,化作春泥更护花。

四十五、《老子》节选

天地不仁,以万物为刍狗;圣人不仁,以百姓为刍狗。天地之间,其犹橐籥乎?虚而不屈,动而愈出。多言数穷,不如守中。

天长地久。天地所以能长且久者,以其不自生,故能长生。是以圣人后其身而身先,外其身而身存。非以其无私邪?故能成其私。

三十辐共一毂,当其无,有车之用。埏埴以为器,当其无,有器之用。凿户牖以为室,当其无,有室之用。故有之以为利,无之以为用。

五色令人目盲;五音令人耳聋;五味令人口爽;驰骋畋猎,令人心发狂;难得之货,令人行妨。是以圣人为腹不为目,故去彼取此。

宠辱若惊,贵大患若身。何谓宠辱若惊?宠为下,得之若惊,失之若惊,是谓宠辱若惊。何谓贵大患若身?吾所以有大患者,为吾有身,及吾无身,吾有何患?故贵以身为天下者,若可寄天下;爱以身为天下者,若可託天下。

四十六、"四书"节选

　　大学之道，在明明德，在亲民，在止于至善。知止而后有定，定而后能静，静而后能安，安而后能虑，虑而后能得。物有本末，事有终始。知所先后，则近道矣。

　　所谓修身在正其心者，身有所忿懥，则不得其正，有所恐惧，则不得其正，有所好乐，则不得其正，有所忧患，则不得其正。心不在焉，视而不见，听而不闻，食而不知其味。此谓修身在正其心。

——选自《大学》

　　天命之谓性；率性之谓道；修道之谓教。

　　道也者，不可须臾离也；可离，非道也。是故君子戒慎乎其所不睹，恐惧乎其所不闻。

　　莫见乎隐，莫显乎微。故君子慎其独也。

　　喜、怒、哀、乐之未发，谓之中。发而皆中节，谓之和。中也者，天下之大本也。和也者，天下之达道也。

　　致中和，天地位焉，万物育焉。

——选自《中庸》

　　子曰："学而时习之，不亦说乎？有朋自远方来，不亦乐乎？人不知而不愠，不亦君子乎？"

经典诵读

子曰:"温故而知新,可以为师矣。"

子曰:"学而不思则罔,思而不学则殆。"

子曰:"由,诲汝知之乎!知之为知之,不知为不知,是知也。"

子曰:"知之者不如好之者;好之者不如乐之者。"

子曰:"知者乐水,仁者乐山。知者动,仁者静。知者乐,仁者寿。"

子曰:"三人行,必有我师焉。择其善者而从之,其不善者而改之。"

子曰:"人无远虑,必有近忧。"

子曰:"吾尝终日不食、终夜不寝以思,无益,不如学也。"

——选自《论语》

鱼,我所欲也;熊掌,亦我所欲也,二者不可得兼,舍鱼而取熊掌者也。生,亦我所欲也;义,亦我所欲也。二者不可得兼,舍生而取义者也。生亦我所欲,所欲有甚于生者,故不为苟得也。死亦我所恶,所恶有甚于死者,故患有所不辟也。如使人之所欲莫甚于生,则凡可以得生者何不用也。使人之所恶莫甚于死者,则凡可以辟患者何不为也!由是则生而有不用也;由是则可以辟患而有不为也。是故所欲有甚于生者,所恶有甚于死者。非独贤者有是心也,人皆有之,贤者能勿丧耳。

——选自《孟子》

四十七、《荀子》节选

君子曰：学不可以已。

青，取之于蓝，而青于蓝；冰，水为之，而寒于水。木直中绳，𫐓以为轮，其曲中规，虽有槁暴，不复挺者，𫐓使之然也。故木受绳则直，金就砺则利，君子博学而日参省乎己，则知明而行无过矣。

吾尝终日而思矣，不如须臾之所学也；吾尝跂而望矣，不如登高之博见也。登高而招，臂非加长也，而见者远；顺风而呼，声非加疾也，而闻者彰。假舆马者，非利足也，而致千里；假舟楫者，非能水也，而绝江河。君子生非异也，善假于物也。

积土成山，风雨兴焉；积水成渊，蛟龙生焉；积善成德，而神明自得，圣心备焉。故不积跬步，无以至千里；不积小流，无以成江海。骐骥一跃，不能十步；驽马十驾，功在不舍。锲而舍之，朽木不折；锲而不舍，金石可镂。蚓无爪牙之利，筋骨之强，上食埃土，下饮黄泉，用心一也。蟹六跪而二螯，非蛇鳝之穴无可寄托者，用心躁也。

四十八、《礼记》节选

虽有嘉肴，弗食，不知其旨也；
虽有至道，弗学，不知其善也。
是故学然后知不足，教然后知困。
知不足，然后能自反也，
知困，然后能自强也。
故曰：教学相长也。
《兑命》曰："学学半。"
其此之谓乎？

四十九、归田赋

〔汉〕张衡

游都邑以永久，无明略以佐时。徒临川以羡鱼，俟河清乎未期。感蔡子之慷慨，从唐生以决疑。谅天道之微昧，追渔父以同嬉。超埃尘以遐逝，与世事乎长辞。

于是仲春令月，时和气清；原隰郁茂，百草滋荣。王雎鼓翼，仓庚哀鸣；交颈颉颃，关关嘤嘤。于焉逍遥，聊以娱情。

尔乃龙吟方泽，虎啸山丘。仰飞纤缴，俯钓长流。触矢而毙，贪饵吞钩。落云间之逸禽，悬渊沉之鲨鰡。

于时曜灵俄景，继以望舒。极般游之至乐，虽日夕而忘劬。感老氏之遗诫，将回驾乎蓬庐。弹五弦之妙指，咏周、孔之图书。挥翰墨以奋藻，陈三皇之轨模。苟纵心于物外，安知荣辱之所如。

五十、诫子书

〔三国〕诸葛亮

夫君子之行，静以修身，俭以养德。非淡泊无以明志，非宁静无以致远。夫学须静也，才须学也，非学无以广才，非志无以成学。淫慢则不能励精，险躁则不能治性。年与时驰，意与日去，遂成枯落，多不接世，悲守穷庐，将复何及！

五十一、洛神赋

〔三国〕曹植

黄初三年,余朝京师,还济洛川。古人有言,斯水之神,名曰宓妃。感宋玉对楚王神女之事,遂作斯赋。其辞曰:

余从京域,言归东藩。背伊阙,越轘辕,经通谷,陵景山。日既西倾,车殆马烦。尔乃税驾乎蘅皋,秣驷乎芝田,容与乎阳林,流眄乎洛川。于是精移神骇,忽焉思散。俯则未察,仰以殊观,睹一丽人,于岩之畔。乃援御者而告之曰:"尔有觌于彼者乎?彼何人斯?若此之艳也!"御者对曰:"臣闻河洛之神,名曰宓妃。然则君王所见,无乃是乎?其状若何?臣愿闻之。"

余告之曰:"其形也,翩若惊鸿,婉若游龙。荣曜秋菊,华茂春松。髣髴兮若轻云之蔽月,飘飖兮若流风之回雪。远而望之,皎若太阳升朝霞;迫而察之,灼若芙蕖出渌波。秾纤得衷,修短合度。肩若削成,腰如约素。延颈秀项,皓质呈露。芳泽无加,铅华弗御。云髻峨峨,修眉联娟。丹唇外朗,皓齿内鲜,明眸善睐,靥辅承权。瑰姿艳逸,仪静体闲。柔情绰态,媚于语言。奇服旷世,骨像应图。披罗衣之璀粲兮,珥瑶碧之华琚。戴金翠之首饰,缀明珠以耀躯。践远

经典诵读

游之文履,曳雾绡之轻裾。微幽兰之芳蔼兮,步踟蹰于山隅。

于是忽焉纵体,以遨以嬉。左倚采旄,右荫桂旗。攘皓腕于神浒兮,采湍濑之玄芝。余情悦其淑美兮,心振荡而不怡。无良媒以接欢兮,托微波而通辞。愿诚素之先达兮,解玉佩以要之。嗟佳人之信修,羌习礼而明诗。抗琼珶以和予兮,指潜渊而为期。执眷眷之款实兮,惧斯灵之我欺。感交甫之弃言兮,怅犹豫而狐疑。收和颜而静志兮,申礼防以自持。

于是洛灵感焉,徙倚彷徨,神光离合,乍阴乍阳。竦轻躯以鹤立,若将飞而未翔。践椒涂之郁烈,步蘅薄而流芳。超长吟以永慕兮,声哀厉而弥长。

尔乃众灵杂沓,命俦啸侣,或戏清流,或翔神渚,或采明珠,或拾翠羽。从南湘之二妃,携汉滨之游女。叹匏瓜之无匹兮,咏牵牛之独处。扬轻袿之猗靡兮,翳修袖以延伫。体迅飞凫,飘忽若神,凌波微步,罗袜生尘。动无常则,若危若安。进止难期,若往若还。转眄流精,光润玉颜。含辞未吐,气若幽兰。华容婀娜,令我忘餐。

于是屏翳收风,川后静波。冯夷鸣鼓,女娲清歌。腾文鱼以警乘,鸣玉鸾以偕逝。六龙俨其齐首,载云车之容裔,鲸鲵踊而夹毂,水禽翔而为卫。

于是越北沚。过南冈,纡素领,回清阳,动朱唇以徐言,陈交接之大纲。恨人神之道殊兮,怨盛年之莫当。抗罗袂以掩涕兮,泪流襟之浪浪。悼良会之永绝兮,哀一逝而异乡。无微情以效爱兮,献江南之明珰。虽潜处于太阴,长寄心于君王。忽不悟其所舍,怅神宵而蔽光。

于是背下陵高,足往神留,遗情想像,顾望怀愁。冀灵体之复形,御轻舟而上溯。浮长川而忘返,思绵绵而增慕。夜耿耿而不寐,沾繁霜而至曙。命仆夫而就驾,吾将归乎东路。揽骓辔以抗策,怅盘桓而不能去。

〔唐〕韩愈

古之学者必有师。师者，所以传道受业解惑也。人非生而知之者，孰能无惑？惑而不从师，其为惑也，终不解矣。生乎吾前，其闻道也固先乎吾，吾从而师之；生乎吾后，其闻道也亦先乎吾，吾从而师之。吾师道也，夫庸知其年之先后生于吾乎？是故无贵无贱，无长无少，道之所存，师之所存也。

嗟乎！师道之不传也久矣！欲人之无惑也难矣！古之圣人，其出人也远矣，犹且从师而问焉；今之众人，其下圣人也亦远矣，而耻学于师。是故圣益圣，愚益愚。圣人之所以为圣，愚人之所以为愚，其皆出于此乎？爱其子，择师而教之；于其身也，则耻师焉，惑矣。彼童子之师，授之书而习其句读者，非吾所谓传其道解其惑者也。句读之不知，惑之不解，或师焉，或否焉，小学而大遗，吾未见其明也。巫医乐师百工之人，不耻相师。士大夫之族，曰师曰弟子云者，则群聚而笑之。问之，则曰："彼与彼年相若也，道相似也，位卑则足羞，官盛则近谀。"呜呼！师道之不复，可知矣。巫医乐师百工之人，君子不齿，今其智乃反不能及，其可怪也欤！

圣人无常师。孔子师郯子、苌弘、师襄、老聃。

郯子之徒,其贤不及孔子。孔子曰:三人行,则必有我师。是故弟子不必不如师,师不必贤于弟子,闻道有先后,术业有专攻,如是而已。

李氏子蟠,年十七,好古文,六艺经传皆通习之,不拘于时,学于余。余嘉其能行古道,作《师说》以贻之。

五十三、秋声赋

〔宋〕欧阳修

欧阳子方夜读书,闻有声自西南来者,悚然而听之,曰:"异哉!"初淅沥以萧飒,忽奔腾而砰湃,如波涛夜惊,风雨骤至。其触于物也,鏦鏦铮铮,金铁皆鸣;又如赴敌之兵,衔枚疾走,不闻号令,但闻人马之行声。予谓童子:"此何声也?汝出视之。"童子曰:"星月皎洁,明河在天,四无人声,声在树间。"

余曰:"噫嘻悲哉!此秋声也。胡为而来哉?盖夫秋之为状也:其色惨淡,烟霏云敛;其容清明,天高日晶;其气栗冽,砭人肌骨;其意萧条,山川寂寥。故其为声也,凄凄切切,呼号愤发。丰草绿缛而争茂,佳木葱茏而可悦。草拂之而色变,木遭之而叶脱。其所以摧败零落者,乃其一气之余烈。夫秋,刑官也,于时为阴;又兵象也,于行用金。是谓天地之义气,常以肃杀而为心。天之于物,春生秋实。故其在乐也,商声主西方之音,夷则为七月之律。商,伤也,物既老而悲伤;夷,戮也,物过盛而当杀。"

"嗟乎!草木无情,有时飘零。人为动物,惟物之灵,百忧感其心,万事劳其形,有动于中,必摇其精。而况思其力之所不及,忧其智之所不能,宜其渥然丹者为槁木，黟然黑者为星星。奈何以非金石之质，欲与草木而争荣？念谁为之戕贼，亦何恨乎秋声！"

童子莫对，垂头而睡。但闻四壁虫声唧唧，如助予之叹息。

五十四、六国论

〔宋〕苏洵

六国破灭，非兵不利，战不善，弊在赂秦。赂秦而力亏，破灭之道也。或曰：六国互丧，率赂秦耶？曰：不赂者以赂者丧，盖失强援，不能独完。故曰：弊在赂秦也。

秦以攻取之外，小则获邑，大则得城。较秦之所得，与战胜而得者，其实百倍；诸侯之所亡，与战败而亡者，其实亦百倍。则秦之所大欲，诸侯之所大患，固不在战矣。思厥先祖父，暴霜露，斩荆棘，以有尺寸之地。子孙视之不甚惜，举以予人，如弃草芥。今日割五城，明日割十城，然后得一夕安寝。起视四境，而秦兵又至矣。然则诸侯之地有限，暴秦之欲无厌，奉之弥繁，侵之愈急。故不战而强弱胜负已判矣。至于颠覆，理固宜然。古人云："以地事秦，犹抱薪救火，薪不尽，火不灭。"此言得之。

齐人未尝赂秦，终继五国迁灭，何哉？与嬴而不助五国也。五国既丧，齐亦不免矣。燕赵之君，始有远略，能守其土，义不赂秦。是故燕虽小国而后亡，斯用兵之效也。至丹以荆卿为计，始速祸焉。赵尝五战于秦，二败而三胜。后秦击赵者再，李牧连却之。洎牧以谗诛，邯郸为郡，惜其用武而不终也。且燕赵处秦革灭殆尽之际，可谓智力孤危，战败而亡，诚不得已。向使三国各爱其地，齐人勿附于秦，刺客不行，良将犹在，则胜负之数，存亡之理，当与秦相较，或未易量。

呜呼！以赂秦之地，封天下之谋臣，以事秦之心，礼天下之奇才，并力西向，则吾恐秦人食之不得下咽也。悲夫！有如此之势，而为秦人积威之所劫，日削月割，以趋于亡。为国者无使为积威之所劫哉！

夫六国与秦皆诸侯，其势弱于秦，而犹有可以不赂而胜之之势。苟以天下之大，下而从六国破亡之故事，是又在六国下矣。

五十五、爱莲说

〔宋〕周敦颐

水陆草木之花,可爱者甚蕃。晋陶渊明独爱菊。自李唐来,世人盛爱牡丹。予独爱莲之出淤泥而不染,濯清涟而不妖,中通外直,不蔓不枝,香远益清,亭亭净植,可远观而不可亵玩焉。

予谓菊,花之隐逸者也;牡丹,花之富贵者也;莲,花之君子者也。噫!菊之爱,陶后鲜有闻。莲之爱,同予者何人?牡丹之爱,宜乎众矣!

五十六、墨池记

〔宋〕曾巩

　　临川之城东,有地隐然而高,以临于溪,曰新城。新城之上,有池洼然而方以长,曰王羲之之墨池者,荀伯子《临川记》云也。羲之尝慕张芝,临池学书,池水尽黑,此为其故迹,岂信然邪?方羲之之不可强以仕,而尝极东方,出沧海,以娱其意于山水之间,岂其徜徉肆恣,而又尝自休于此邪?羲之之书晚乃善,则其所能,盖亦以精力自致者,非天成也。然后世未有能及者,岂其学不如彼邪?则学固岂可以少哉!况欲深造道德者邪?

　　墨池之上,今为州学舍。教授王君盛恐其不章也,书"晋王右军墨池"之六字于楹间以揭之,又告于巩曰:"愿有记。"推王君之心,岂爱人之善,虽一能不以废,而因以及乎其迹邪?其亦欲推其事以勉其学者邪?夫人之有一能,而使后人尚之如此,况仁人庄士之遗风余思,被于来世者何如哉。

　　庆历八年九月十二日,曾巩记。

五十七、上人书

〔宋〕王安石

尝谓：文者，礼教治政云尔。其书诸策而传之人，大体归然而已。而曰"言之不文，行之不远"云者，徒谓"辞之不可以已也"，非圣人作文之本意也。

自孔子之死久，韩子作，望圣人于百千年中，卓然也。独子厚名与韩并，子厚非韩比也，然其文卒配韩以传，亦豪杰可畏者也。韩子尝语人文矣，曰云云，子厚亦曰云云。疑二子者，徒语人以其辞耳，作文之本意，不如是其已也。孟子曰："君子欲其自得之也。自得之，则居安；居之安，则资之深；资之深，则取诸左右逢其原。"独谓孟子之云尔，非直施于文而已，然亦可托以为作文之本意。

且所谓文者，务为有补于世而已矣；所谓辞者，犹器之有刻镂绘画也。诚使巧且华，不必适用；诚使适用，亦不必巧且华。要之，以适用为本，以刻镂绘画为之容而已。不适用，非所以为器也。不为之容，其亦若是乎？否也。然容亦未可已也，勿先之，其可也。

某学文久，数挟此说以自治。始欲书之策而传之人，其试于事者，则有待矣。其为是非耶？未能自定也。执事正人也，不阿其所好者，书杂文十篇献左右，愿赐之教，使之是非有定焉。

五十八、读书要三到

〔宋〕朱熹

凡读书，须整顿几案，令洁净端正，将书册齐整顿放，正身体，对书册，详缓看字，仔细分明读之。须要读得字字响亮，不可误一字，不可少一字，不可多一字，不可倒一字，不可牵强暗记，只是要多诵数遍，自然上口，久远不忘。古人云，"读书百遍，其义自见"。谓熟读，则不待解说，自晓其义也。余尝谓，读书有三到，谓心到，眼到，口到。心不在此，则眼不看仔细，心眼既不专一，却只漫浪诵读，决不能记，记亦不能久也。三到之中，心到最急。心既到矣，眼口岂不到乎？

五十九、笠翁对韵·一东

〔清〕李渔

天对地,雨对风。大陆对长空。山花对海树,赤日对苍穹。雷隐隐,雾蒙蒙。日下对天中。风高秋月白,雨霁晚霞红。牛女二星河左右,参商两曜斗西东。十月塞边,飒飒寒霜惊戍旅;三冬江上,漫漫朔雪冷渔翁。

河对汉,绿对红。雨伯对雷公。烟楼对雪洞,月殿对天宫。云叆叇,日曈朦。腊屐对渔篷。过天星似箭,吐魄月如弓。驿旅客逢梅子雨,池亭人抱藕花风。茅店村前,皓月坠林鸡唱韵;板桥路上,青霜锁道马行踪。

山对海,华对嵩。四岳对三公。宫花对禁柳,塞雁对江龙。清暑殿,广寒宫。拾翠对题红。庄周梦化蝶,吕望兆飞熊。北牖当风停夏扇,南帘曝日省冬烘。鹤舞楼头,玉笛弄残仙子月;凤翔台上,紫箫吹断美人风。

六十、黄生借书说

〔清〕袁牧

黄生允修借书。随园主人授以书,而告之曰:

书非借不能读也。子不闻藏书者乎?七略、四库,天子之书,然天子读书者有几?汗牛塞屋,富贵家之书,然富贵人读书者有几?其他祖父积、子孙弃者,无论焉。非独书为然,天下物皆然。非夫人之物而强假焉,必虑人逼取,而惴惴焉摩玩之不已,曰:今日存,明日去,吾不得而见之矣。若业为吾所有,必高束焉,庋藏焉,曰"姑俟异日观"云尔。

余幼好书,家贫难致。有张氏藏书甚富。往借不与,归而形诸梦。其切如是。故有所览,辄省记。通籍后,俸去书来,落落大满,素蟫灰丝,时蒙卷轴。然后叹借者之用心专,而少时之岁月为可惜也。

今黄生贫类予,其借书亦类予。惟予之公书与张氏之吝书若不相类。然则予固不幸而遇张乎,生固幸而遇予乎?知幸与不幸,则其读书也必专,而其归书也必速。为一说,使与书俱。

第二章 现当代诗文

胡适

我笑你绕太阳的地球,
一日夜只打得一个回旋;
我笑你绕地球的月亮;
总不会永远团圆;
我笑你千千万万大大小小的星球,
总跳不出自己的轨道线;
我笑你一秒钟走五十万里的无线电,
总比不上我区区的心头一念!
我这心头一念:
才从竹竿巷,忽到竹竿尖;
忽在赫贞江上,忽到凯约湖边;
我若真个害刻骨的相思,
便一分钟绕遍地球三千万转!

二、教我如何不想她

刘半农

天上飘着些微云，
地上吹着些微风。
啊！
微风吹动了我的头发，
教我如何不想她？

月光恋爱着海洋，
海洋恋爱着月光。
啊！
这般蜜也似的银夜，
教我如何不想她？

水面落花慢慢流，
水底鱼儿慢慢游。
啊！
燕子你说些什么话？
教我如何不想她？

枯树在冷风里摇，
野火在暮色中烧。
啊！
西天还有些儿残霞，
教我如何不想她？

三、炉中煤

郭沫若

一

啊,我年青的女郎!
我不辜负你的殷勤,
你也不要辜负了我的思量。
我为我心爱的人儿,
燃到了这般模样!

二

啊,我年青的女郎!
你该知道了我的前身?
你该不嫌我黑奴卤莽?
要我这黑奴的胸中,
才有火一样的心肠。

三
啊，我年青的女郎！
我想我的前身，
原本是有用的栋梁，
我活埋在地底多年，
到今朝才得重见天光。

四
啊，我年青的女郎！
我自从重见天光，
我常常思念我的故乡，
我为我心爱的人儿，
燃到了这般模样！

四、再别康桥

徐志摩

轻轻的我走了,
正如我轻轻的来;
我轻轻的招手,
作别西天的云彩。

那河畔的金柳,
是夕阳中的新娘;
波光里的艳影,
在我的心头荡漾。

软泥上的青荇,
油油的在水底招摇;
在康河的柔波里,
我甘心做一条水草!

那榆荫下的一潭,
不是清泉,是天上虹;
揉碎在浮藻间,
沉淀着彩虹似的梦。

中国篇

寻梦？撑一支长篙，
向青草更青处漫溯；
满载一船星辉，
在星辉斑斓里放歌。

但我不能放歌，
悄悄是别离的笙箫；
夏虫也为我沉默，
沉默是今晚的康桥！

悄悄的我走了，
正如我悄悄的来；
我挥一挥衣袖，
不带走一片云彩。

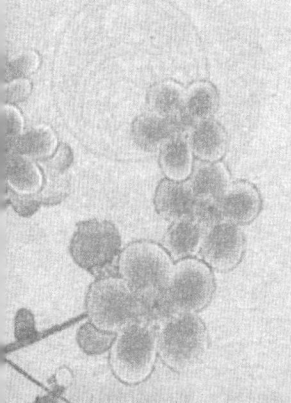

闻一多

这是一沟绝望的死水,清风吹不起半点漪沦。
不如多扔些破铜烂铁,爽性泼你的剩菜残羹。
也许铜的要绿成翡翠,铁罐上绣出几瓣桃花;
再让油腻织一层罗绮,霉菌给他蒸出些云霞。
让死水酵成一沟绿酒,飘满了珍珠似的白沫;
小珠们笑声变成大珠,又被偷酒的花蚊咬破。
那么一沟绝望的死水,也就夸得上几分鲜明。
如果青蛙耐不住寂寞,又算死水叫出了歌声。
这是一沟绝望的死水,这里断不是美的所在,
不如让给丑恶来开垦,看他造出个什么世界。

六、时间是一把剪刀

汪静之

时间是一把剪刀，
生命是一匹锦绮；
一节一节地剪去，
等到剪完的时候，
把一堆破布付之一炬！
时间是一根铁鞭，
生命是一树繁花；
一朵一朵地击落，
等到击完的时候，
把满地残红踏入泥沙！

七、你是人间的四月天

林徽因

我说你是人间的四月天；
笑响点亮了四面风；轻灵
在春的光艳中交舞着变。

你是四月早天里的云烟，
黄昏吹着风的软，星子在
无意中闪，细雨点洒在花前。

那轻，那娉婷，你是，鲜妍
百花的冠冕你戴着，你是
天真，庄严，你是夜夜的月圆。

雪化后那片鹅黄，你像；新鲜
初放芽的绿，你是；柔嫩喜悦
水光浮动着你梦期待中白莲。

你是一树一树的花开，是燕
在梁间呢喃，——你是爱，是暖，
是希望，你是人间的四月天！

八、雨巷

戴望舒

撑着油纸伞,独自
彷徨在悠长、悠长
又寂寥的雨巷,
我希望逢着
一个丁香一样的
结着愁怨的姑娘。

她是有
丁香一样的颜色,
丁香一样的芬芳,
丁香一样的忧愁,
在雨中哀怨,
哀怨又彷徨。

她彷徨在这寂寥的雨巷,
撑着油纸伞
像我一样,
像我一样地
默默彳亍着,
冷漠,凄清,又惆怅。

经典诵读

她静默地走近
走近，又投出
太息一般的眼光，
她飘过
像梦一般的，
像梦一般的凄婉迷茫。

像梦中飘过
一枝丁香的，
我身旁飘过这女郎；
她静默地远了，远了，
到了颓圮的篱墙，
走尽这雨巷。

在雨的哀曲里，
消了她的颜色，
散了她的芬芳，
消散了，甚至她的
太息般的眼光，
丁香般的惆怅。

撑着油纸伞，独自
彷徨在悠长，悠长
又寂寥的雨巷，
我希望飘过
一个丁香一样的
结着愁怨的姑娘。

艾青

假如我是一只鸟,
我也应该用嘶哑的喉咙歌唱:
这被暴风雨所打击着的土地,
这永远汹涌着我们的悲愤的河流,
这无止息地吹刮着的激怒的风,
和那来自林间的无比温柔的黎明……
——然后我死了,
连羽毛也腐烂在土地里面。

为什么我的眼里常含泪水?
因为我对这土地爱得深沉……

十、断章

卞之琳

你站在桥上看风景,
看风景的人在楼上看你。

明月装饰了你的窗子,
你装饰了别人的梦。

十一、春

穆旦

绿色的火焰在草上摇曳,
他渴求着拥抱你,花朵。
反抗着土地,花朵伸出来,
当暖风吹来烦恼,或者欢乐。
如果你是醒了,推开窗子,
看这满园的欲望多么美丽。

蓝天下,为永远的谜蛊惑着的
是我们二十岁的紧闭的肉体,
一如那泥土做成的鸟的歌,
你们被点燃,卷曲又卷曲,却无处归依。
呵,光,影,声,色,都已经赤裸,
痛苦着,等待伸入新的组合。

十二、祈求

蔡其矫

我祈求炎夏有风,冬日少雨;
我祈求花开有红有紫;
我祈求爱情不受讥笑,
跌倒有人扶持;
我祈求同情心——
当人悲伤
至少给予安慰
而不是冷眼竖眉;
我祈求知识有如泉源泉,
每一天涌流不息,
而不是这也禁止,那也禁止;
我祈求歌声发自各人胸中
没有谁要制造模式
为所有的音调规定高低;
我祈求
总有一天,再没有人
像我作这样的祈求!

十三、月之故乡

彭邦桢

天上一个月亮
水里一个月亮
天上的月亮在水里
水里的月亮在天上
低头看水里
抬头看天上
看月亮
思故乡
一个在水里
一个在天上

十四、我遥望

曾卓

当我年轻的时候
在生活的海洋中,
偶尔抬头遥望六十岁,
像遥望一个远在异国的港口

经历了狂风暴雨,惊涛骇浪
而今我到达了,
有时回头遥望我年轻的时候,
像遥望迷失在烟雾中的故乡

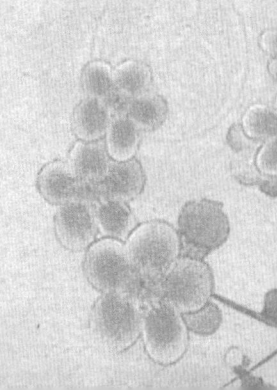

中 国 篇

十五、从前慢

木心

记得早先少年时
大家诚诚恳恳
说一句 是一句

清早上火车站
长街黑暗无行人
卖豆浆的小店冒着热气

从前的日色变得慢
车，马，邮件都慢
一生只够爱一个人

从前的锁也好看
钥匙精美有样子
你锁了 人家就懂了

余光中

小时候
乡愁是一枚小小的邮票
我在这头
母亲在那头

长大后
乡愁是一张窄窄的船票
我在这头
新娘在那头

后来啊
乡愁是一方矮矮的坟墓
我在外头
母亲在里头

而现在
乡愁是一湾浅浅的海峡
我在这头
大陆在那头

十七、众荷喧哗

洛夫

众荷喧哗
而你是挨我最近
最静
最最温婉的一朵
要看
就看荷去吧
我就喜欢看你撑着一把碧油伞
从水中升起

我向池心
轻轻扔过去一粒石子
你的脸
便哗然红了起来
惊起的
一只水鸟
如火焰般掠过对岸的柳枝
再靠近一些
只要再靠我近一点
便可听到
水珠在你掌心滴溜溜地转

经典诵读

你是喧哗的荷池中
一朵最最安静的
夕阳
蝉鸣依旧
依旧如你独立众荷中时的寂寂

我走了
走了一半又停住
等你
等你轻声唤我

十八、错误

郑愁予

我打江南走过
那等在季节里的容颜如莲花的开落

东风不来,三月的柳絮不飞
你的心如小小的寂寞的城
恰若青石的街道向晚
跫音不响,三月的春帷不揭
你的心是小小的窗扉紧掩

我达达的马蹄是美丽的错误
我不是归人,是个过客……

十九、一棵开花的树

席慕蓉

如何让你遇见我
在我最美丽的时刻

为这
我已在佛前求了五百年
求佛让我们结一段尘缘
佛于是把我化做一棵树
长在你必经的路旁

阳光下
慎重地开满了花
朵朵都是我前世的盼望

当你走近
请你细听
那颤抖的叶
是我等待的热情

而当你终于无视地走过
在你身后落了一地的
朋友啊
那不是花瓣
那是我凋零的心

二十、相信未来

食指

当蜘蛛网无情地查封了我的炉台,
当灰烬的余烟叹息着贫困的悲哀,
我依然固执地铺平失望的灰烬,
用美丽的雪花写下:相信未来。

当我的紫葡萄化为深秋的露水,
当我的鲜花依偎在别人的情怀,
我依然固执地用凝霜的枯藤,
在凄凉的大地上写下:相信未来。

我要用手指那涌向天边的排浪,
我要用手掌那托起太阳的大海,
摇曳着曙光那支温暖漂亮的笔杆,
用孩子的笔体写下:相信未来。

我之所以坚定地相信未来,
是我相信未来人们的眼睛,
她有拨开历史风尘的睫毛,
她有看透岁月篇章的瞳孔。

不管人们对于我们腐烂的皮肉,
那些迷途的惆怅、失败的苦痛,

经典诵读

是寄予感动的热泪,深切的同情,
还是给以轻蔑的微笑,辛辣的嘲讽。

我坚信人们对于我们的脊骨,
那无数次的探索、迷途、失败和成功,
一定会给予热情、客观、公正的评定,
是的,我焦急地等待着他们的评定。

朋友,坚定地相信未来吧,
相信不屈不挠的努力,
相信战胜死亡的年轻,
相信未来,热爱生命。

中 国 篇

二十一、回答

北岛

卑鄙是卑鄙者的通行证,
高尚是高尚者的墓志铭,
看吧,在那镀金的天空中,
飘满了死者弯曲的倒影。

冰川纪过去了,
为什么到处都是冰凌?
好望角发现了,
为什么死海里千帆相竞?

我来到这个世界上,
只带着纸、绳索和身影,
为了在审判之前,
宣读那些被判决的声音。

告诉你吧,世界,
我——不——相——信!
纵使你脚下有一千名挑战者,
那就把我算作第一千零一名。

我不相信天是蓝的,
我不相信雷的回声,

经典诵读

我不相信梦是假的,
我不相信死无报应。

如果海洋注定要决堤,
就让所有的苦水都注入我心中,
如果陆地注定要上升,
就让人类重新选择生存的峰顶。

新的转机和闪闪星斗,
正在缀满没有遮拦的天空。
那是五千年的象形文字,
那是未来人们凝视的眼睛。

二十二、阳光中的向日葵

芒克

你看到了吗
你看到阳光中的那棵向日葵了吗
你看它，它没有低下头
而是把头转向身后
它把头转了过去
就好像是为了一口咬断
那套在它脖子上的
那牵在太阳手中的绳索

你看到了吗
你看到那棵昂着头
怒视着太阳的向日葵了吗
它的头几乎已把太阳遮住
它的头即使是在没有太阳的时候
也依然在闪耀着光芒

你看到那棵向日葵了吗
你应该走近它
你走近它便会发现
它脚下的那片泥土
每抓起一把
都一定会攥出血来

二十三、致橡树

舒婷

我如果爱你——
绝不像攀援的凌霄花,
借你的高枝炫耀自己;
我如果爱你——
绝不学痴情的鸟儿,
为绿阴重复单调的歌曲;
也不止像泉源,
长年送来清凉的慰藉;
也不止像险峰,
增加你的高度,衬托你的威仪。
甚至日光。
甚至春雨。
不,这些都还不够!
我必须是你近旁的一株木棉,
作为树的形象和你站在一起。
根,紧握在地下
叶,相触在云里。
每一阵风过
我们都互相致意,

但没有人
听懂我们的言语。
你有你的铜枝铁干
像刀、像剑,
也像戟;
我有我红硕的花朵
像沉重的叹息,
又像英勇的火炬,
我们分担寒潮、风雷、霹雳;
我们共享雾霭、流岚、虹霓。
仿佛永远分离,
却又终身相依。
这才是伟大的爱情,
坚贞就在这里:
爱——
不仅爱你伟岸的身躯,
也爱你坚持的位置,足下的土地。

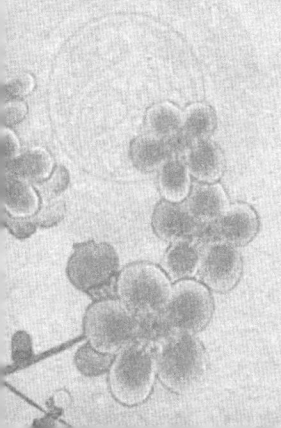

二十四、远方的朋友

于坚

远方的朋友
您的信我读了
你是什么长相我想了想
大不了就是长得像某某吧
想到有一天你要来找我
不免有点担心
我怕我们无话可说
一见面就心怀鬼胎
想占上风
我怕我们默然不语
该说的都已说过
无论这里还是那里
都是过一样的日子
都是看一样的小说
我怕我讲不出国家大事
面对你昏昏欲睡忍住哈欠
我怕我听不懂你的幽默
目瞪口呆 像个木偶
我怕你仪表堂堂风度翩翩

吓得我笨手笨脚
袖口扫倒茶杯 烟头烫了指头
我怕你客客气气彬彬有礼
叫我眼睛不知该看哪里
话也常常听错
一会儿搓搓大腿
一会儿抓抓耳朵
远方的朋友
交个朋友不容易
如果你一脚踢开我的门
大喝一声:"我是某某!"
我也只好说一句:
我是于坚

二十五、我感到了阳光

王小妮

沿着长长的走廊
我,走下去
——呵,迎面是刺眼的窗子,
两边是反光的墙壁。
阳光,我,
我和阳光站在一起。
——呵,阳光原来这样强烈!
暖得人凝住了脚步,
亮得人憋住了呼吸。
全宇宙的光都在这里集聚。
——我不知道还有什么存在。
只有我,靠着阳光,
站了十秒钟。
十秒,有时会长于
一个世纪的四分之一!
终于,我冲下楼梯,
推开门,
奔走在春天的阳光里

二十六、门前

顾城

我多么希望，有一个门口
早晨，阳光照在草上
我们站着
扶着自己的门扇
门很低，但太阳是明亮的
草在结它的种子
风在摇它的叶子
我们站着，不说话
就十分美好
有门，不用开开
是我们的，就十分美好
早晨，黑夜还要流浪
我们把六弦琴交给他
我们不走了
我们需要土地
需要永不毁灭的土地
我们要乘着它
度过一生
土地是粗糙的，有时狭隘

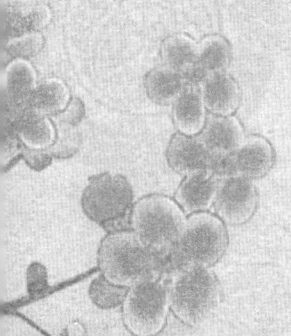

经典诵读

然而，它有历史
有一份天空，一份月亮
一份露水和早晨
我们爱土地
我们站着
用木鞋挖着泥土
门也晒热了
我们轻轻靠着，十分美好
墙后的草
不会再长大了
它只用指尖，触了触阳光

二十七、热爱生命

汪国真

我不去想,是否能够成功,
既然选择了远方,
便只顾风雨兼程。
我不去想,能否赢得爱情,
既然钟情于玫瑰,
就勇敢地吐露真诚。
我不去想,身后会不会袭来寒风冷雨,
既然目标是地平线,
留给世界的只能是背影。
我不去想,未来是平坦还是泥泞,
只要热爱生命,
一切,都在意料之中。

二十八、一夜肖邦

欧阳江河

只听一支曲子。
只为这支曲子保留耳朵。
一个肖邦对世界已经足够。
谁在这样的钢琴之夜徘徊?

可以把已经弹过的曲子重新弹过一遍,
好象从来没有弹过。
可以一遍一遍将它弹上一夜,
然后终生不再去弹。
可以
死于一夜肖邦,
然后慢慢地、用整整一生的时间活过来。

可以把肖邦弹得好象弹错了一样,
可以只弹旋律中空心的和弦。
只弹经过句,象一次远行穿过月亮。
只弹弱音,夏天被忘掉的阳光,
或阳光中偶然被想起的一小块黑暗。
可以把柔板弹奏得象一片开阔地,
象一场大雪迟迟不敢落下。

可以死去多年但好象刚刚才走开。

可以
把肖邦弹奏得好象没有肖邦,
可以让一夜肖邦融化在撒旦的阳光下。
琴声如诉,耳朵里空无一人。
根本不要去听,肖邦是听不见的,
如果有人在听他就转身离去。
这已经不是肖邦的时代,
那个思乡的、怀旧的、英雄城堡的时代。

可以把肖邦弹奏得好象没有在弹。
轻点,再轻点,
不要让手指触到空气和泪水。
真正震撼我们灵魂的狂风暴雨,
可以是
最弱的,最温柔的。

二十九、山民

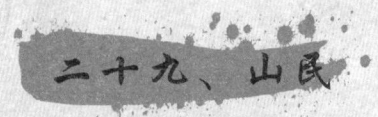

韩东

小时候,他问父亲
"山那边是什么"
父亲说"是山"
"那边的那边呢"
"山,还是山"
他不作声了,看着远处
山第一次使他这样疲倦

他想,这辈子是走不出这里的群山了
海是有的,但十分遥远
他只能活几十年
所以没有等他走到那里
就已死在半路上了
死在山中

他觉得应该带着老婆一起上路
老婆会给他生个儿子
到他死的时候
儿子就长大了

儿子也会有老婆

儿子也会有儿子
儿子的儿子也还会有儿子
他不再想了
儿子也使他很疲倦

他只是遗憾
他的祖先没有像他一样想过
不然，见到大海的该是他了

三十、镜中

张枣

只要想起一生中后悔的事
梅花便落了下来
比如看她游泳到河的另一岸
比如登上一株松木梯子
危险的事固然美丽
不如看她骑马归来
面颊温暖
羞惭。低下头,回答着皇帝
一面镜子永远等候她
让她坐到镜中常坐的地方
望着窗外
只要想起一生中后悔的事
梅花便落满了南山

三十一、在哈尔盖仰望星空

西川

有一种神秘你无法驾驭
你只能充当旁观者的角色
听凭那神秘的力量
从遥远的地方发出信号
射出光来,穿透你的心
像今夜,在哈尔盖
在这个远离城市的荒凉的
地方,在这青藏高原上的
一个蚕豆般大小的火车站旁
我抬起头来眺望星空
这时河汉无声,鸟翼稀薄
青草向群星疯狂地生长
马群忘记了飞翔
风吹着空旷的夜　也吹着我
风吹着未来　也吹着过去
我成为某个人,某间
点着油灯的陋室
而这陋室冰凉的屋顶
被群星的亿万只脚踩成祭坛
我像一个领取圣餐的孩子
放大了胆子,但屏住呼吸

经典诵读

三十二、面朝大海,春暖花开

海子

从明天起,做一个幸福的人
喂马,劈柴,周游世界
从明天起,关心粮食和蔬菜
我有一所房子,面朝大海,春暖花开

从明天起,和每一个亲人通信
告诉他们我的幸福
那幸福的闪电告诉我的
我将告诉每一个人

给每一条河每一座山取一个温暖的名字
陌生人,我也为你祝福
愿你有一个灿烂的前程
愿你有情人终成眷属
愿你在尘世获得幸福
我只愿面朝大海,春暖花开

三十三、献给黄昏的星

戈麦

黄昏的星从大地海洋升起
我站在黑夜的尽头
看到黄昏像一座雪白的裸体
我是天空中唯一一颗发光的星星
在这艰难的时刻
我仿佛看到了另一种人类的昨天
三个相互残杀的事物被怼到了一起
黄昏,是天空中唯一的发光体
星,是黑夜的女儿苦闷的床单
我,是我一生中无边的黑暗
在这最后的时刻,我竟能梦见
这荒芜的大地,最后一粒种子
这下垂的时间,最后一个声音
这个世界,最后的一件事情,黄昏的星

三十四、冬日黎明

西渡

月亮像一只透明的河虾
带着湿淋淋的印象
从群山的怀抱中挣脱了
第一声鸡啼
把溪滩上的薄雾
向白天提了提
渐渐显露的河水
像一片活泼的舌头舔进了
静穆的群山脑髓间记忆的矿脉
它触及了皮肤下另一条隐秘的河流
几乎和我们看见的一模一样
但更温暖
更适合人性的需要
令人惊讶的程度
就像我们突然发现
在我们所爱的人身上活着
另一个我们完全陌生的人
光明在冬日依然坚持拜访我们

中 国 篇

唤醒树上的居民
命令她们制造出奇异的声响
然后用山风吹打畜棚的窗棂
使它们在棚栏内不安地躁动
哞哞叫
一条通向光明的道路上
走来了第一个汲水的人
和光明劈面遭遇
太阳跃上了群山的肩头
抖开一匹金黄的布匹
像一头狮子用震吼把秩序强加给山谷
记忆像河上的薄冰无声地融化了
我重新拥有这一切
我几乎哼出了那遗忘已久的歌声
并用它轻轻唤醒那个始终活在我身上
却拒绝醒来的孩子

· 117 ·

经 典 诵 读

三十五、班扎古鲁白玛的沉默

扎西拉姆·多多

你见,或者不见我,
我就在那里,不悲不喜。
你念,或者不念我,
情就在那里,不来不去。
你爱,或者不爱我,
爱就在那里,不增不减。
你跟,或者不跟我,
我的手就在你的手里
不舍不弃。
来我的怀里,或者,
让我住进你的心里。
默然相爱,
寂静欢喜。

三十六、种子的选择

易白

从一开始
种子就无法选择
命中注定的位置
微渺的起点
是种子无法改变的现实

一粒种子
没有肥沃的土壤
没有雨露和阳光
孤独地成长
面对周围的黑暗和阻挡

就连呼吸
都是巨大的压力
种子挣扎着向上
突然有一天
种子揭露了命运的荒唐

三十七、假如我是一道光

灵遁者

假如我是一道光
我的思想也许就不会等于零
我也就不会像个孩子一样痛哭
我会被你们所有的人嫉妒和羡慕
我仅有的一秒钟就是你们眼中的永恒
我可以穿越很远的梦想
不管那是寒冷还是炎热的时空
假如我是一道光
我的爱情就不会停止和冷却
它会始终自己照亮自己
它会始终在旅行的路上
可是假如我是一道光
我害怕我不知道时间的意义而无聊
我害怕我不知道旅行的方向而孤独
我害怕在你还没有看到之前我早已远去
可是我依然愿意自己是一道光
即使在虚无的空间中骨碎消散

中 国 篇

也能从虚无中再次回来
哪怕是亿万年
亿亿万年的等待
我都不会下跪
绝对不会
这就是我想作为光而存在的意义
你只是看到了我
你却永远也捕捉不到我的足迹。

三十八、最苦与最乐

梁启超

人生什么事最苦呢?贫吗?不是。失意吗?不是。老吗?死吗?都不是。我说人生最苦的事,莫苦于身上背着一种未了的责任。人若能知足,虽贫不苦;若能安分(不多作分外希望),虽然失意不苦;老、病、死,乃人生难免的事,达观的人看得很平常,也不算什么苦。独是凡人生在世间一天,便有一天应该做的事;该做的事没有做完,便像是有几千斤重担压在肩头,再苦是没有的了。为什么呢?因为受那良心责备不过,要逃躲也没处逃躲呀。

答应人办一件事没有办,欠了人的钱没有还,受了人的恩惠没有报答,得罪了人没有赔礼,这就连这个人的面也几乎不敢见他;纵然不见他的面,睡里梦里都像有他的影子来缠着我。为什么呢?因为觉得对不住他呀,因为自己对于他的责任还没有解除呀!不独是对于一个人如此,就是对于家庭,对于社会,对于国家,乃至对于自己,都是如此。凡属我受过他好处的人,我对于他便有了责任。凡属我应该做的事,而且力量能够做得到的,我对于这件事便有了责任。凡属我自己打主意要做一件事,便是现在的自己和将来的自己立了一种契约,便是自己对于自己加一层责任。有了这责任,那良心便时时刻刻监督在后头,一日应尽的责任没有尽,到夜里头便是过的苦痛日子。一生应尽的责任没有尽,便死也是带着痛苦往坟墓里去。这种苦痛却比不得普通的贫、病、死,可以达观排解得来。所以我说,人生没有苦痛便罢;若有苦痛,当然没有比这个更加重的了。

　　翻过来看,什么事最快乐呢?自然责任完了,算是人生第一件乐事。古语说得好,"如释重负";俗语亦说是,"心上一块石头落了地"。人到这个时候,那种轻松愉快,真是不可以言语形容。责任越重大,负责的日子越久长,到责任完了时,海阔天空,心安理得,那种快乐还要加几倍哩!大抵天下事,从苦中得来的乐,才算是真乐。人生须知道负责任的苦处,才能知道有尽责任的乐处。这种苦乐循环,便是这有活力的人间一种趣味。不尽责任,受良心责备,这些苦都是自己找来的。一翻过去,处处尽责任,便处处快乐;时时尽责任,便时时快乐。快乐之权操之在己。孔子所以说"无入而不自得",正是这种作用。

　　然则为什么孟子又说"君子有终身之忧"呢?因为越是圣贤豪杰,他负的责任越是重大;而且他常要把这种种责任来揽在身上,肩头的担子,从没有放下的时节。曾子还说哩:"任重而道远,死而后已,不亦远乎?"那仁人志士的忧民忧国,那诸圣诸佛的悲天悯人,虽说他是一辈子感受苦痛,也都可以。但是他日

经典诵读

日在那里尽责任,便日日在那里得苦中真乐,所以他到底还是乐不是苦呀!

有人说:"既然这苦是从负责任生来,我若是将责任卸却,岂不就永远没有苦了吗?"这却不然,责任是要解除了才没有,并不是卸了就没有。人生若能永远像两三岁小孩,本来没有责任,那就本来没有苦。到了长成,那责任自然压在你头上,如何能躲?不过有大小的分别罢了。尽得大的责任,就得大快乐;尽得小的责任,就得小快乐。你若是要躲,倒是自投苦海,永远不能解除了。

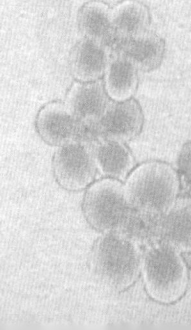

三十九、雪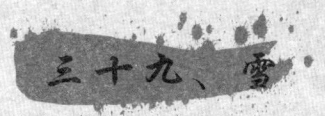

鲁迅

　　暖国的雨,向来没有变过冰冷的坚硬的灿烂的雪花。博识的人们觉得他单调,他自己也以为不幸否耶?江南的雪,可是滋润美艳之至了;那是还在隐约着的青春的消息,是极壮健的处子的皮肤。雪野中有血红的宝珠山茶,白中隐青的单瓣梅花,深黄的磬口的腊梅花;雪下面还有冷绿的杂草。蝴蝶确乎没有;蜜蜂是否来采山茶花和梅花的蜜,我可记不真切了。但我的眼前仿佛看见冬花开在雪野中,有许多蜜蜂们忙碌地飞着,也听得他们嗡嗡地闹着。

　　孩子们呵着冻得通红,像紫芽姜一般的小手,七八个一齐来塑雪罗汉。因为不成功,谁的父亲也来帮忙了。罗汉就塑得比孩子们高得多,虽然不过是上小下大的一堆,终于分不清是壶卢还是罗汉;然而很洁白,很明艳,以自身的滋润相粘结,整个地闪闪地生光。孩子们用龙眼核给他做眼珠,又从谁的母亲的脂粉奁中偷得胭脂来涂在嘴唇上。这回确是一个大阿罗汉了。他也就目光灼灼地嘴唇通红地坐在雪地里。

　　第二天还有几个孩子来访问他;对了他拍手,点头,嬉笑。但他终于独自坐着了。晴天又来消释他的皮肤,寒夜又使他结一层冰,化作不透明的水晶模样;

经典诵读

连续的晴天又使他成为不知道算什么,而嘴上的胭脂也褪尽了。

但是,朔方的雪花在纷飞之后,却永远如粉,如沙,他们决不粘连,撒在屋上,地上,枯草上,就是这样。屋上的雪是早已就有消化了的,因为屋里居人的火的温热。别的,在晴天之下,旋风忽来,便蓬勃地奋飞,在日光中灿灿地生光,如包藏火焰的大雾,旋转而且升腾,弥漫太空;使太空旋转而且升腾地闪烁。

在无边的旷野上,在凛冽的天宇下,闪闪地旋转升腾着的是雨的精魂……

是的,那是孤独的雪,是死掉的雨,是雨的精魂。

四十、落花生

许地山

我们家的后园有半亩空地,母亲说:"让它荒着怪可惜的,你们那么爱吃花生,就开辟出来种花生吧。"我们姐弟几个都很高兴,买种,翻地,播种,浇水,没过几个月,居然收获了。

母亲说:"今晚我们过一个收获节,请你们父亲也来尝尝我们的新花生,好不好?"我们都说好。母亲把花生做成了好几样食品,还吩咐就在后园的茅亭里过这个节。

晚上天色不太好,可是父亲也来了,实在很难得。

父亲说:"你们爱吃花生吗?"

我们争着答应:"爱!"

"谁能把花生的好处说出来?"

姐姐说:"花生的味儿美。"

哥哥说:"花生可以榨油。"

我说:"花生的价钱便宜,谁都可以买来吃,都喜欢吃。这就是它的好处。"

父亲说:"花生的好处很多,有一样最可贵:它的果实埋在地里,不像桃子、石榴、苹果那样,把鲜红嫩绿的果实高高地挂在枝头上,使人一见就生爱慕之心。你们看它矮矮地长在地上,等到成熟了,也不能

经典诵读

立刻分辨出来它有没有果实,必须挖出来才知道。"

我们都说是,母亲也点点头。

父亲接下去说:"所以你们要像花生,它虽然不好看,可是很有用,不是外表好看而没有实用的东西。"

我说:"那么,人要做有用的人,不要做只讲体面,而对别人没有好处的人了。"

父亲说:"对。这是我对你们的希望。"

我们谈到夜深才散。花生做的食品都吃完了,父亲的话却深深地印在我的心上。

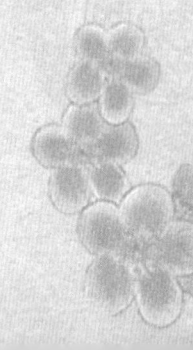

四十一、人生像一首诗

林语堂

　　我想从生物学的观点看起来,人生读来几乎是像一首诗。它有其自己的韵律和拍子,也有其生长和腐坏的内在周期。它的开始就是天真烂漫的童年时候,接着便是粗拙的青春时期,粗拙地企图去适应成熟的社会,具有青年的热情和愚憨,理想和野心;后来达到一个活动很剧烈的成年时期,由经验获得利益,又由社会及人类天性上得到更多的经验;到中年的时候,紧张才稍微减轻,性格圆熟了,像水果的成熟或好酒的醇熟那样地圆熟了,对于人生渐渐抱了一种较宽容,较玩世,同时也较慈和的态度;以后便到了衰老的时候,内分泌腺减少它们的活动,如果我们对老年有着一种真正的哲学观念,而照这种观念去调整我们的生活方式,那么,这个时期在我们心目中便是和平、稳定、闲逸和满足的时期;最后,生命的火光闪灭了,一个人永远长眠不再醒了。我们应该能够体验出这种人生的韵律之美,应该能够像欣赏大交响曲那样,欣赏人生的主要题旨,欣赏它的冲突的旋律,以及最后的决定。

　　这些循环的动作,在正常的人生上是大概相同的,不过那音乐必须由个人自己去演奏。在某些人的灵魂中,那个不调和的音键变得日益宏大,结果竟把正式的曲调淹没了。那不调和的音键声音太响，使音乐不能继续演奏下去，于是那个人便开枪自戕，或跳河自尽了。这是因为他缺乏良好的自我教育，弄得原来的主旋律遭了掩蔽。反之，正常的人生是会保持着一种严肃的动作和行列，朝着正常的目标前进。在我们许多人之中，有时震音或激越之音太多，因此听来甚觉刺耳；我们也许应该有一些以恒河般伟大的音律和雄壮的音波，慢慢地永远地向着大海流去。

　　一个人有童年、壮年和老年，我想没有一个人会觉得这是不美满的。一天有上午、中午、日落，一年有春、夏、秋、冬四季，这办法再好没有。人生没有什么好坏，只有"在那一季里什么东西是好的"的问题。如果我们抱着这种生物学的人生观念，循着季节去生活，那么除自大的呆子和无可救药的理想主义者之外，没有人会否认人生确是像一首诗那样地生活过去的。莎士比亚曾在他的人生七阶段的那节文章里，把这个观念极明显地表达出来，许多中国作家也曾说过与此相似的话。莎士比亚没有变成富于宗教观念的人，也不曾对宗教表示很大的关怀，这是很可怪的。我想这便是他所以伟大的地方；他把人生当做人生看，他不打扰世间一切事物的配置和组织，正如他不打扰他的戏剧中的人物一样。莎士比亚和大自然本身相似，这是我们对一位作家或思想家最大的赞颂。他只是活在世界上，观察人生而终于离开了。

四十二、江南的冬景

郁达夫

凡在北国过过冬天的人,总都道围炉煮茗,或吃煊羊肉、剥花生米、饮白干的滋味。而有地炉、暖炕等设备的人家,不管它门外面是雪深几尺,或风大若雷,而躲在屋里过活的两三个月的生活,却是一年之中最有劲的一段蛰居异境;老年人不必说,就是顶喜欢活动的小孩子们,总也是个个在怀恋的,因为当这中间,有的萝卜、雅儿梨等水果的闲食,还有大年夜、正月初一、元宵等热闹的节期。

但在江南,可又不同。冬至过后,大江以南的树叶,也不至于脱尽。寒风——西北风间或吹来,至多也不过冷了一日两日。到得灰云扫尽,落叶满街,晨霜白得像黑女脸上的脂粉似的清早,太阳一上屋檐,鸟雀便又在吱叫,泥地里便又放出水蒸气来,老翁小孩就又可以上门前的隙地里去坐着曝背谈天,营屋外的生涯了;这一种江南的冬景,岂不也可爱得很么?

我生长在江南,儿时所受的江南冬日的印象,铭刻特深。虽则渐入中年,又爱上了晚秋,以为秋天正是读读书,写写字的人的最惠节季,但对于江南的冬景,总觉得是可以抵得过北方夏夜的一种特殊情调,说得摩登些,便是一种明朗的情调。

经典诵读

我也曾到过闽粤，在那里过冬天，和暖原极和暖，有时候到了阴历的年边，说不定还不得不拿出纱衫来着；走过野人的篱落，更还看得见许多杂七杂八的秋花！一番阵雨雷鸣过后，凉冷一点；至多也只好换上一件夹衣。在闽粤之间，皮袍棉袄是绝对用不着的；这一种极南的气候异状，并不是我所说的江南的冬景，只能叫它作南国的长春，是春或秋的延长。

江南的地质丰腴而润泽，所以含得住热气，养得住植物。因而长江一带，芦花可以到冬至而不败，红叶也有时候会保持住三个月以上的生命。像钱塘江两岸的乌桕树，则红叶落后，还有雪白的桕子着在枝头，一点一丛，用照相机照将出来，可以乱梅花之真。草色顶多成了赭色，根边总带点绿意，非但野火烧不尽，就是寒风也吹不倒的。若遇到风和日暖的午后，你一个人肯上冬郊去走走，则青天碧落之下，你不但感不到岁时的肃杀，并且还可以饱觉着一种莫名其妙的含蓄在那里的生气；"若是冬天来了，春天也总马上会来"的诗人的名句，只有在江南的山野里，最容易体会得出。

说起了寒郊的散步，实在是江南的冬日，所给与江南居住者的一种特异的恩惠；在北方的冰天雪地里生长的人，是终他的一生，也决不会有享受这一种清福的机会的。我不知道德国的冬天，比起我们江浙来如何，但从许多作家的喜欢以 Spaziergang 一字来做他们的创造题目的一点看来，大约是德国南部地方，四季的变迁，总也和我们的江南差仿不多。譬如说十九世纪的那位乡土诗人洛在格（Peter Rosegger，1843—1918）罢，他用这一个"散步"做题目的文章尤其写得多，而所写的情形，却又是大半可以拿到中国江浙的山区地方来适用的。

江南河港交流，且又地滨大海，湖沼特多，故空气里时含水分；到得冬天，不时也会下着微雨，而这微雨寒村里的冬霖景象，又是一种说不出的悠闲境界。你试想想，秋收过后，河流边三五家人家会聚在一道的一个小村子里，门对长桥，窗临远阜，这中间又多是树枝槎桠的杂木树林；在这一幅冬日农村的图上，再洒上一层细得同粉也似的白雨，加上一层淡得几不成墨的背景，你说还够不够悠闲？若再要点景致进去，则门前可以泊一只乌篷小船，茅屋里可以添几个喧哗的酒客，天垂暮了，还可以加一味红黄，在茅屋窗中画上一圈暗示着灯光的月晕。人到了这一个境界，自然会得胸襟洒脱起来，终至于得失俱亡，死生不问了；我们总该还记得唐朝那位诗人做的"暮雨潇潇江上村"的一首绝句罢？诗人到此，连对绿林豪客都客气起来了，这不是江南冬景的迷人又是什么？

一提到雨，也就必然的要想到雪："晚来天欲雪，能饮一杯无？"自然是江南日暮的雪景。"寒沙梅影路，微雪酒香村"，则雪月梅的冬宵三友，会合在一道，在

经 典 诵 读

调戏酒姑娘了。"柴门闻犬吠,风雪夜归人",是江南雪夜,更深人静后的景况。"前村深雪里,昨夜一枝开"又到了第二天的早晨,和狗一样喜欢弄雪的村童来报告村景了。诗人的诗句,也许不尽是在江南所写,而做这几句诗的诗人,也许不尽是江南人,但假了这几句诗来描写江南的雪景,岂不直截了当,比我这一枝愚劣的笔所写的散文更美丽得多?

有几年,在江南,在江南也许会没有雨没有雪的过一个冬,到了春间阴历的正月底或二月初再冷一冷下一点春雪的;去年(一九三四)的冬天是如此,今年的冬天恐怕也不得不然,以节气推算起来,大约太冷的日子,将在一九三六年的二月尽头,最多也总不过是七八天的样子。像这样的冬天,乡下人叫作旱冬,对于麦的收成或者好些,但是人口却要受到损伤;旱得久了,白喉、流行性感冒等疾病自然容易上身,可是想恣意享受江南的冬景的人,在这一种冬天,倒只会得到快活一点,因为晴和的日子多了,上郊外去闲步逍遥的机会自然也多;日本人叫作 Hi—king,德国人叫作 Spaziergang 狂者,所最欢迎的也就是这样的冬天。

窗外的天气晴朗得像晚秋一样;晴空的高爽,日光的洋溢,引诱得使你在房间里坐不住,空言不如实践,这一种无聊的杂文,我也不再想写下去了,还是拿起手杖,搁下纸笔,上湖上散散步罢!

四十三、白杨礼赞

茅盾

　　白杨树实在是不平凡的,我赞美白杨树!

　　当汽车在望不到边际的高原上奔驰,扑入你的视野的,是黄绿错综的一条大毡子。黄的是土,未开垦的荒地,几百万年前由伟大的自然力堆积成功的黄土高原的外壳;绿的呢,是人类劳力战胜自然的成果,是麦田。和风吹送,翻起了一轮一轮的绿波——这时你会真心佩服昔人所造的两个字"麦浪",若不是妙手偶得,便确是经过锤炼的语言的精华。黄与绿主宰着,无边无垠,坦荡如砥,这时如果不是宛若并肩的远山的连峰提醒了你(这些山峰凭你的肉眼来判断,就知道是在你脚底下的),你会忘记了汽车是在高原上行驶。这时你涌起来的感想也许是"雄壮",也许是"伟大",诸如此类的形容词;然而同时你的眼睛也许觉得有点倦怠,你对当前的"雄壮"或"伟大"闭了眼,而另一种的味儿在你心头潜滋暗长了——"单调"。可不是?单调,有一点儿吧?

　　然而刹那间,要是你猛抬眼看见了前面远远有一排——不,或者只是三五株,一株,傲然地耸立,像哨兵似的树木的话,那你的恹恹欲睡的情绪又将如何?我那时是惊奇地叫了一声的。

经典诵读

那就是白杨树,西北极普通的一种树,然而实在是不平凡的一种树。

那是力争上游的一种树,笔直的干,笔直的枝。它的干呢,通常是丈把高,像是加以人工似的,一丈以内绝无旁枝。它所有的丫枝呢,一律向上,而且紧紧靠拢,也像是加以人工似的,成为一束,绝无横斜逸出。它的宽大的叶子也是片片向上,几乎没有斜生的,更不用说倒垂了;它的皮,光滑而有银色的晕圈,微微泛出淡青色。这是虽在北方的风雪的压迫下却保持着倔强挺立的一种树。哪怕只有碗来粗细罢,它却努力向上发展,高到丈许,二丈,参天耸立,不折不挠,对抗着西北风。

这就是白杨树,西北极普通的一种树,然而决不是平凡的树!

它没有婆娑的姿态,没有屈曲盘旋的虬枝,也许你要说它不美丽,——如果美是专指"婆娑"或"横斜逸出"之类而言,那么白杨树算不得树中的好女子;但是它却是伟岸,正直,朴质,严肃,也不缺乏温和,更不用提它的坚强不屈与挺拔,它是树中的伟丈夫!当你在积雪初融的高原上走过,看见平坦的大地上傲然挺立这么一株或一排白杨树,难道你觉得树只是树,难道你就不想到它的朴质,严肃,坚强不屈,至少也象征了北方的农民,难道你竟一点也不联想到,在敌后的广大土地上,到处有坚强不屈,就像这白杨树一样傲然挺立的守卫他们家乡的哨兵！难道你又不更远一点想到这样枝枝叶叶靠紧团结，力求上进的白杨树，宛然象征了今天在华北平原纵横决荡，用血写出新中国历史的那种精神和意志。

　　白杨不是平凡的树。它在西北极普遍，不被人重视，就跟北方农民相似；它有极强的生命力，磨折不了，压迫不倒，也跟北方的农民相似。我赞美白杨树，就因为它不但象征了北方的农民，尤其象征了今天我们民族解放斗争中所不可缺的朴质、坚强，力求上进的精神。

　　让那些看不起民众、贱视民众、顽固的倒退的人们去赞美那贵族化的楠木（那也是直挺秀颀的），去鄙视这极常见、极易生长的白杨树吧，我要高声赞美白杨树！

四十四、月朦胧，鸟朦胧，帘卷海棠红

朱自清

这是一张尺多宽的小小的横幅，马孟容君画的。上方的左角，斜着一卷绿色的帘子，稀疏而长；当纸的直处三分之一，横处三分之二。帘子中央，着一黄色的，茶壶嘴似的钩儿——就是所谓软金钩么？"钩弯"垂着双穗，石青色；丝缕微乱，若小曳于轻风中。纸右一圆月，淡淡的青光遍满纸上；月的纯净，柔软与平和，如一张睡美人的脸。从帘的上端向右斜伸而下，是一枝交缠的海棠花。花叶扶疏，上下错落着，共有五丛；或散或密，都玲珑有致。叶嫩绿色，仿佛掐得出水似的；在月光中掩映着，微微有浅深之别。花正盛开，红艳欲流；黄色的雄蕊历历的，闪闪的。衬托在丛绿之间，格外觉得妖娆了。枝欹斜而腾挪，如少女的一只臂膊。枝上歇着一对黑色的八哥，背着月光，向着帘里。一只歇得高些，小小的眼儿半睁半闭的，似乎在入梦之前，还有所留恋似的。那低些的一只别过脸来对着这一只，已缩着颈儿睡了。帘下是空空的，不着一些痕迹。

试想在圆月朦胧之夜，海棠是这样的妩媚而嫣润；枝头的好鸟为什么却双栖而各梦呢？在这夜深人静的当儿，那高踞着的一只八哥儿，又为何尽撑着眼皮儿

不肯睡去呢?他到底等什么来着?舍不得那淡淡的月儿么?舍不得那疏疏的帘儿么?不,不,不,您得到帘下去找,您得到帘中去找——您该找着那卷帘人了?他的情韵风怀,原是这样这样的哟!朦胧的岂独月呢;岂独鸟呢?但是,咫尺天涯,教我如何耐得?我拼着千呼万唤;你能够出来么?

  这页画布局那样经济,设色那样柔和,故精彩足以动人。虽是区区尺幅,而情韵之厚,已足沦肌浃髓而有余。我看了这画,瞿然而惊,留恋之怀,不能自已。故将所感受的印象细细写出,以志这一段因缘。但我于中西的画都是门外汉,所说的话不免为内行所笑。——那也只好由他了。

四十五、渐

丰子恺

使人生圆滑进行的微妙的要素，莫如"渐"；造物主骗人的手段，也莫如"渐"。在不知不觉之中，天真烂漫的孩子"渐渐"变成野心勃勃的青年；慷慨豪侠的青年"渐渐"变成冷酷的成人；血气旺盛的成人"渐渐"变成顽固的老头子。因为其变更是渐进的，犹如从斜度极缓的长远的山坡上走下来，使人不察其递降的痕迹，不见其各阶段的境界，而似乎觉得常在同样的地位，恒久不变，又无时不有生的意趣与价值，于是人生就被确实肯定，而圆滑进行了。假使人生的进行不像山陂而像风琴的键板，由 do 忽然移到 re，或者像旋律的"接离进行"地由 do 忽然跳到 mi，人一定要惊讶、感慨、悲伤，或痛感人生的无常，而不乐为人了。故可知人生是由"渐"维持的。

人之能堪受境遇的变衰，也全靠这"渐"的助力。巨富的纨袴子弟因屡次破产而"渐渐"荡尽其家产，变为贫者；贫者只得做佣工，佣工往往变为奴隶，奴隶容易变为无赖，无赖与乞丐相去甚近，乞丐不妨做偷儿……因为其变衰是延长为十年二十年而一步一步地"渐渐"地达到的，在本人不感到甚么强烈的刺激。故虽到了饥寒病苦刑笞交迫的地步，仍是熙熙然贪恋着目前的生的欢喜。假如一位千金之子忽然变了乞丐或偷儿，这人一定愤不欲生了。

"渐"的作用，就是用每步相差极微极缓的方法来隐蔽时间的过去与事物的变迁的痕迹，使人误认其为恒久不变。这有一件比喻的故事：某农夫每天朝晨抱了犊而跳过一沟，到田里去工作，夕暮又抱了它跳过沟回家。每日如此，未尝间断。过了一年，犊已渐大，渐重，差不多变成大牛，但农夫全不觉得，仍是抱了它跳沟。有一天他因事停止工作，次日再就不能抱了这牛而跳沟了。造物的骗人，使人留连于其每日每时的生的欢喜而不觉其变迁与辛苦，就是用这个方法的。人们每日在抱了日重一日的牛而跳沟，不准停止。自己误以为是不变的，其实每日在增加其苦劳！

我觉得时辰钟是人生的最好的象征了。时辰钟的针，平常一看总觉得是"不动"的；其实人造物中最常动的无过于时辰钟的针了。日常生活中的人生也如此，刻刻觉得我是我，似乎这"我"永远不变，实则与时辰钟的针一样的无常！一息尚存，总觉得我仍是我，我没有变，还是留连着我的生，可怜受尽"渐"的欺骗！

"渐"的本质是"时间"。时间比空间更为不可思议。因为空间姑且不追究它如何广大或无限，我们总可以把握其一端，认定其一点。时间则全然无从把握，不可挽留。性质上既已渺茫不可思议，分量上在人生

经典诵读

也似乎太多。因为一般人对于时间的悟性,似乎只够支配搭船乘车的短时间;对于百年的长期间的寿命,他们不能胜任,往往迷于局部而不能顾及全体。试看乘火车的旅客中,常有明达的人,有的宁牺牲暂时的安乐而让其座位于老弱者,以求心的太平(或博暂时的美誉);有的见众人争先下车,就退在后面,或高呼"不要轧,总有得下去的!""大家都要下去的!"然而在乘"社会"或"世界"的大火车的"人生"的长期的旅客中,就少有这样的明达之人。

当然人类中也有几个能胜任百年的或千古的寿命的人。那是"大人格","大人生"。他们能不为"渐"所迷,不为造物所欺,而收缩无限的时间并空间于方寸的心中。中国古诗人(白居易)说:"蜗牛角上争何事?石火光中寄此身。"英国诗人(Blake)也说:"一粒沙里见世界,一朵花里见天国;手掌里盛住无限,一刹那便是永劫。"

四十六、济南的冬天

老舍

对于一个在北平住惯的人，像我，冬天要是不刮风，便觉得是奇迹；济南的冬天是没有风声的。对于一个刚由伦敦回来的人，像我，冬天要能看得见日光，便觉得是怪事；济南的冬天是响晴的。自然，在热带的地方，日光是永远那么毒，响亮的天气，反有点叫人害怕。可是，在北方的冬天，而能有温晴的天气，济南真得算个宝地。

设若单单是有阳光，那也算不了出奇。请闭上眼睛想：一个老城，有山有水，全在天底下晒着阳光，暖和安适地睡着，只等春风来把它们唤醒，这是不是个理想的境界？

小山整把济南围了个圈儿，只有北边缺着点口儿。这一圈小山在冬天特别可爱，好像是把济南放在一个小摇篮里，它们安静不动地低声地说："你们放心吧，这儿准保暖和。"真的，济南的人们在冬天是面上含笑的。他们一看那些小山，心中便觉得有了着落，有了依靠。他们由天上看到山上，便不知不觉地想起："明天也许就是春天了吧？这样的温暖，今天夜里山草也许就绿起来了吧？"就是这点幻想不能一时实现，他们也并不着急，因为这样慈善的冬天，干啥还希望别的呢！

最妙的是下点小雪呀。看吧，山上的矮松越发的青黑，树尖上顶着一髻儿白花，好像日本看护妇。山尖全白了，给蓝天镶上一道银边。山坡上，有的地方雪厚点，有的地方草色还露着，这样，一道儿白，一道儿暗黄，给山们穿上一件带水纹的花衣；看着看着，这件花衣好像被风儿吹动，叫你希望看见一点更美的山的肌肤。等到快日落的时候，微黄的阳光斜射在山腰上，那点薄雪好像忽然害了羞，微微露出点粉色。就是下小雪吧，济南是受不住大雪的，那些小山太秀气！

古老的济南，城里那么狭窄，城外又那么宽敞，山坡上卧着些小村庄，小村庄的房顶上卧着点雪，对，这是张小水墨画，也许是唐代的名手画的吧。

那水呢，不但不结冰，倒反在绿萍上冒着点热气，水藻真绿，把终年贮蓄的绿色全拿出来了。天儿越晴，水藻越绿，就凭这些绿的精神，水也不忍得冻上，况且那些长枝的垂柳还要在水里照个影儿呢！看吧，由澄清的河水慢慢往上看吧，空中，半空中，天上，自上而下全是那么清亮，那么蓝汪汪的，整个的是块空灵的蓝水晶。这块水晶里，包着红屋顶，黄草山，像地毯上的小团花的灰色树影。这就是冬天的济南。

四十七、春来

俞平伯

"假定冬天来了,春天还能远吗?"您也将遥遥有所忆了,——虽然,我是不该来牵惹您的情怀的。

然而春天毕竟会来的,至少不因咱们不提起它就此不来。于是江南的莺花和北地的风尘将同邀春风的一笑了。我们还住在一个世界上哩!

果真我们生长在绝缘的两世界上,这是何等好!果真您那儿净是春天,我这儿永远是冰,是雪,是北风,这又何等好。可惜都不能!我们总得感物序之无常,怨山河之辽廓,这何苦来?

微吟是不可的,长叹也是不可的,这些将挡着幸运人儿的路。若一味的黯然,想想看于您也不大合式的罢,"更加要勿来。"只有跟着时光老人的脚迹,把以前的噩梦渐渐笼上一重乳白的轻绡,更由朦胧而涉茫,由渺茫而竟消沉下去,那就好了!夫了者好也,语不云乎?

谁都懂得,我当以全默守新春之来。可恨我不能够如此哩。想到天涯海之角,许有凭阑凝想的时候,则区区奉献之词,即有些微的唐突,想也是无妨于您那春天的一笑的。

四十八、小橘灯

冰心

这是十几年以前的事了。

在一个春节前一天的下午,我到重庆郊外去看一位朋友。她住在那个乡村的乡公所楼上。走上一段阴暗的仄仄的楼梯,进到一间有一张方桌和几张竹凳、墙上装着一架电话的屋子,再进去就是我的朋友的房间,和外间只隔一幅布帘。她不在家,窗前桌上留着一张条子,说是她临时有事出去,叫我等着她。

我在她桌前坐下,随手拿起一张报纸来看,忽然听见外屋板门"吱"地一声开了。过了一会,又听见有人在挪动那竹凳子。我掀开帘子,看见一个小姑娘,只有八九岁光景,瘦瘦的苍白的脸,冻得发紫的嘴唇,头发很短,穿一身很破旧的衣裤,光脚穿一双草鞋,正在登上竹凳想去摘墙上的听话器,看见我似乎吃了一惊,把手缩了回来。我问她:"你要打电话吗?"她一面爬下竹凳,一面点头说:"我要××医院,找胡大夫,我妈妈刚才吐了许多血!"我问:"你知道××医院的电话号码吗?"她摇了摇头说:"我正想问电话局……"我赶紧从机旁的电话本子里找到医院的号码,就又问她:"找到了大夫,我请他到谁家去呢?"她说:"你只要说王春林家里病了,他就会来的。"

我把电话打通了,她感激地谢了我,回头就走。我拉住她问:"你的家远吗?"她指着窗外说:"就在山窝那棵大黄果树下面,一下子就走到的。"说着就登、登、登地下楼去了。

我又回到屋里去,把报纸前前后后都看完了,又拿起一本《唐诗三百首》来,看了一半,天色越发阴沉了,我的朋友还不回来。我无聊地站了起来,望着窗外浓雾里迷茫的山景,看到那棵黄果树下面的小屋,忽然想去探望那个小姑娘和她生病的妈妈。我下楼在门口买了几个大红橘子,塞在手提袋里,顺着歪斜不平的石板路,走到那小屋的门口。

我轻轻地扣着板门,刚才那个小姑娘出来开了门,抬头看了我,先愣了一下,后来就微笑了,招手叫我进去。这屋子很小很黑,靠墙的板铺上,她的妈妈闭着眼平躺着,大约是睡着了,被头上有斑斑的血痕,她的脸向里侧着,只看见她脸上的乱发,和脑后的一个大髻。门边一个小炭炉,上面放着一个小砂锅,微微地冒着热气。这小姑娘把炉前的小凳子让我坐了,她自己就蹲在我旁边,不住地打量我。我轻轻地问:"大夫来过了吗?"她说:"来过了,给妈妈打了一针……她现在很好。"她又像安慰我似地说:"你放心,大夫明早还要来的。"我问:"她吃过东西吗?这锅里是什么?"她笑说:"红薯稀饭——我们的年夜饭。"我想起了我带来的橘子,就拿出来放在床边的小矮桌上。

经典诵读

她没有作声，只伸手拿过一个最大的橘子来，用小刀削去上面的一段皮，又用两只手把底下的一大半轻轻地揉捏着。

我低声问："你家还有什么人?"她说："现在没有什么人，我爸爸到外面去了……"她没有说下去，只慢慢地从橘皮里掏出一瓣一瓣的橘瓣来，放在她妈妈的枕头边。

炉火的微光，渐渐地暗了下去，外面更黑了。我站起来要走，她拉住我，一面极其敏捷地拿过穿着麻线的大针，把那小橘碗四周相对地穿起来，像一个小筐似的，用一根小竹棍挑着，又从窗台上拿了一段短短的洋蜡头，放在里面点起来，递给我说："天黑了，路滑，这盏小橘灯照你上山吧!"

我赞赏地接过，谢了她，她送我出到门外，我不知道说什么好，她又像安慰我似地说："不久，我爸爸一定会回来的。那时我妈妈就会好了。"她用小手在面前画一个圆圈，最后按到我的手上："我们大家也都好了!"显然地，这"大家"也包括我在内。

我提着这灵巧的小橘灯，慢慢地在黑暗潮湿的山路上走着。这朦胧的橘红的光，实在照不了多远，但这小姑娘的镇定、勇敢、乐观的精神鼓舞了我，我似乎觉得眼前有无限光明!

我的朋友已经回来了，看见我提着小橘灯，便问我从哪里来。我说："从……从王春林家来。"她惊异地说:"王春林,那个木匠,你怎么认得他?去年山下医学院里,有几个学生,被当做共产党抓走了,以后王春林也失踪了,据说他常替那些学生送信……"

当夜,我就离开那山村,再也没有听见那小姑娘和她母亲的消息。

但是从那时起,每逢春节,我就想起那盏小橘灯。十二年过去了,那小姑娘的爸爸一定早回来了。她妈妈也一定好了吧?因为我们"大家"都"好"了!

四十九、时间即生命

梁实秋

最令人怵目惊心的一件事,是看着钟表上的秒针一下一下的移动,每移动一下就是表示我们的寿命已经缩短了一部分。再看看墙上挂着的可以一张张撕下的日历,每天撕下一张就是表示我们的寿命又缩短了一天。因为时间即生命。没有人不爱惜他的生命,但很少人珍视他的时间。如果想在有生之年做一点什么事,学一点什么学问,充实自己,帮助别人,使生命成为有意义,不虚此生,那么就不可浪费光阴。这道理人人都懂,可是很少人真能积极不懈的善于利用他的时间。

我自己就是浪费了很多时间的一个人。我不打麻将,我不经常的听戏看电影,几年中难得一次,我不长时间看电视,通常只看半个小时,我也不串门子闲聊天。有人问我:"那么你大部分时间都做了些什么呢?"我痛自反省,我发现,除了职务上的必须及人情上所不能免的活动之外,我的时间大部分都浪费了。我应该集中精力,读我所未读过的书,我应该利用所有时间,写我所要写的东西,但是我没能这样做。我的好多的时间都糊里糊涂的混过去了,"少壮不努力,老大徒伤悲。"例如我翻译莎士比亚,本来计划于课余之暇每年翻译两部，二十年即可完成，但是我用了三十年，主要的原因是懒。翻译之所以完成，主要的是因为活得相当长久，十分惊险。翻译完成之后，虽然仍有工作计划，但体力渐衰，有力不从心之感。假使年轻的时候鞭策自己，如今当有较好或较多的表现。然而悔之晚矣。

再例如，作为一个中国人，经书不可不读。我年过三十才知道读书自修的重要。我披阅，我圈点，但是恒心不足，时作时辍。五十以学易，可以无大过矣，我如今已年过八十，还没有接触过易经，说来惭愧。史书也很重要。我出国留学的时候，我阿亲买了一套同文石印的前四史，塞满了我的行箧的一半空间，我在外国混了几年之后又把前四史原封带回来了。直到四十年后才鼓起勇气读了"通鉴"一遍。现在我要读的书太多，深感时间有限。

无论做什么事，健康的身体是基本条件。我在学校读书的时候，有所谓"强迫运动"，我踢破过几双球鞋，打断过几只球拍。因此侥幸维持下来最低限度的体力。老来打过几年太极拳，目前则以散步活动筋骨而已。寄语年轻朋友，千万要持之以恒的从事运动，这不是嬉戏，不是浪费时间。健康的身体是作人做事的真正的本钱。

五十、繁星

巴金

我爱月夜,但我也爱星天。从前在家乡,七、八月的夜晚,在庭院里纳凉的时候,我最爱看天上密密麻麻的繁星。望着星天,我就会忘记一切,仿佛回到了母亲的怀里似的。

三年前在南京,我住的地方有一道后门,每晚我打开后门,便看见一个静寂的夜。下面是一片菜园,上面是星群密布的蓝天。星光在我们的肉眼里虽然微小,然而它使我们觉得光明无处不在。那时候我正在读一些关于天文学的书,也认得一些星星,好像它们就是我的朋友,它们常常在和我谈话一样。

如今在海上,每晚和繁星相对,我把它们认得很熟了。我躺在舱面上,仰望天空。深蓝色的天空里悬着无数半明半昧的星。船在动,星也在动,它们是这样低,真是摇摇欲坠呢!渐渐地我的眼睛模糊了,我好像看见无数萤火虫在我的周围飞舞。海上的夜是柔和的,是静寂的,是梦幻的。我望着那许多认识的星,我仿佛看见它们在对我霎眼,我仿佛听见它们在小声说话。这时我忘记了一切。在星的怀抱中我微笑着,我沉睡着。我觉得自己是一个小孩子,现在睡在母亲的怀里了。

中 国 篇

有一夜,那个在哥伦波上船的英国人指给我看天上的巨人。他用手指着:那四颗明亮的星是头,下面的几颗是身子,这几颗是手,那几颗是腿和脚,还有三颗星算是腰带。经他这一番指点,我果然看清楚了那个天上的巨人。看,那个巨人还在跑呢!

五十一、一个偏见

钱钟书

古人称偏僻之道为"左道",颇有科学根据。不过,话虽如此说,有许多意见还不失禅宗所谓"偏中正",例如学术理论之类。只有人生边上的随笔、热恋时的情书等等,那才是老老实实、痛痛快快的一偏之见。世界太广漠了,我们圆睁两眼,平视正视,视野还是偏狭得可怜,狗注视着肉骨头时,何尝顾到旁边还有狗呢?

寂静并非是声响全无。声响全无是死,不是静;所以但丁说,在地狱里,连太阳都是静悄悄的。寂静可以说是听觉方面的透明状态,正好想空明可以说是视觉方面的静穆。寂静能使人听见平常所听不到的声息,使道德家听见了良心的微语,使诗人们听见了暮色移动的潜息或青草萌芽的幽响。你愈听得见喧闹,你愈听不清声音。惟其人类如此善闹,所以人类相聚而寂不作声,反欠自然。例如开会前的五分钟静默,又如亲人好友,久别重逢,执手无言。这种寂静像怀着胎,充满了未发出的声音的隐动。

闹与热,静与冷,都有连带关系;所以在阴惨的地狱里,太阳也给人以寂寥之感。人声喧杂,冷屋也会变成热锅,使人通身烦躁。叔本华《哲学小品》第

中 国 篇

二百七十八节中说,思想家应当耳聋,大有道理。因为耳朵不聋,必闻声音,声音热闹,头脑就很难保持冷静,思想不会公平,只能把偏见来代替。

五十二、大雁塔抒情

秦牧

大雁塔,是西安的标志。正像天安门之于北京,六和塔之于杭州,五层楼之于广州可以作为标志一样。

全国各地人们在电视里都能看到大雁塔。每当气象预报节目播映的时候,一提到西安,美丽庄严的大雁塔就出现了。

大雁塔是西安的骄傲。外地人来到西安,当地人最喜欢问的话,就是:"到过大雁塔吗?"西安画册的封面上,第一图就是大雁塔,第二图是华清池,第三图才是秦兵马俑。

陕西作协的朋友们安排我们一行人的旅游节目,第一个地点也是大雁塔。

大雁塔实在是够瞧的。它是个"七级浮屠",六十四米高,足足有现代建筑二十几层楼那么高了。塔的造型简洁庄重,气势雄伟,一层层地登上去,到了顶层,凭窗一望,整座西安城都历历在目了。特别是朝北一望,可以看到火车站;朝南一望,可以看到远处的田畴和翠华山,街道笔直、平坦如砥。四面风声呼呼,的确很有气派。

大雁塔的原名叫做"慈恩寺塔",大雁塔是它的俗名。公元648年(唐贞观二十二年),太子李治(后来的高宗），为了追念他的母亲文德皇后（这位贤惠的皇后三十六岁就死掉了），修建了慈恩寺。不久，玄奘法师从印度等国游学归来，带回了佛教经典六百多部，着手翻译，为了保藏这些佛经，玄奘向朝廷建议在慈恩寺里附建了这座塔。它初建时只有五层，武则天时改成十层，后来由于战争破坏，只留下七层。五代后唐时曾经重修过一次。现在大雁塔的青砖结构，砖券拱门等可以说仍然保持着它在唐代时期的风采。

  一千多年前，建筑起这么巍峨的一座塔，大概和我们现在建成五六十层的楼宇一样令人轰动。而它的来历，又是和帝皇、高僧发生这么密切的关系，当年它名震遐迩的程度可想而知。唐代诗人对它的吟咏多得不可胜计。杜甫说它"高标跨苍穹，烈风无时休。"岑参说它"突兀压神州，峥嵘如鬼工。"章八元说它"十层突兀在虚空。四十门开面面风。"（这是当塔为十层建筑时的吟咏）这些吟咏，可以说对大雁塔都赞扬备至了。

  唐代高宗以后，凡是考取了进士的人，都要成群结队到大雁塔来逛逛，并在它周围的塔院小屋墙壁上题名。因此"雁塔题名"和"考中进士"，几乎成为同义词语了。正因为这样，在历史上，这又更增加了大雁塔的声华。

  大雁塔底层的南门两侧，镶嵌着唐代著名书法家褚遂良书写的两块石碑，碑文一块是《大唐三藏圣教

经典诵读

序》，是唐太宗为玄奘所译佛经写的总序；另一块是唐高宗为《圣教序》作的纪文。这些石碑和额顶的基座上面的蟠螭和天人乐舞的浮雕，都很潇洒美观。因此，这座塔不仅有重大历史意义，还应该说是一座艺术宝库呢！

为什么慈恩寺塔又叫做大雁塔呢？这和一个动人的佛教故事有密切的关联。原来，印度佛教分大乘、小乘两大派，大乘不吃肉，小乘吃肉。玄奘是信仰大乘佛教的。传说，他在印度时，住在一座大乘教派的寺庙里，附近有一座小乘教派的寺庙，一天，这寺庙的僧人仰天长叹，说当天无肉可吃了。恰好一行雁横空而过，纷纷断翅折翎坠落庙中，意思是让众僧吃它们的肉。全寺大惊，于是此寺的小乘僧人都改信大乘教派了。并在群雁坠地的地方修建了一座塔，名为雁塔，纪念雁群。玄奘根据这个故事，回国后也奏请仿该塔型式建了大雁塔。这个故事所表现的那种坚韧不拔，自我牺牲的精神，颇令人竦然一震。

中国六朝时代有众多引火自焚的和尚，唐代有砍下自己臂膀布施的僧人，尽管对这些事见仁见智，人们可以各有各的议论，尽管宗教归根到底只是人们精神上的鸦片，但是当年大乘教派真诚的僧人所提倡的拟己利他，自我牺牲的精神，却不失为对人间利己主义滔滔浊浪的一种形式奇特的批判。想到这些故事，在这座高塔的上下盘桓，就更发人遐想了。

中 国 篇

游大雁塔实际上不仅仅是观赏塔本身而已，同时还可以游览寺庙、院落、庭园，以至于附近的繁盛区域。我见到这个区域许多商店的名字也都叫做"大雁塔"，可见人们是怎么对它一往情深了。塔旁有照相馆，准备了僧人的服装，僧帽的飘带上写满了"佛"字，还有舞台上的公子小姐的服装，让人们穿上了照相，排队等候照相的人居然相当的多。可见不少人都在这里激起思古的幽情来，想在塔旁做一会儿和尚和公子小姐来。照相店的这一着，颇有值得推许之处。至少，它是掌握了某部分群众的心理的。

在这座塔上跑上跑下，想到这些石级，唐及其后面许多帝王卿相，将军使臣都曾经踏过，不但李白、杜甫、韩愈、白居易等人，就是武则天、玄奘，以至黄巢、李自成等人也必然在这儿登临过，你一下子仿佛就觉得和历史缩短了距离了。我想：大雁塔不仅在西安，在全国也是可以称为第一名塔的吧！

游完大雁塔，我们又去看了在它西面的小雁塔。小雁塔也是很有名气，只是稍逊于大雁塔罢了。这是一座密檐式的砖塔，秀丽玲珑，和大雁塔遥相辉映。它高四十五米，原有十五级，最上两级已颓倒。十六世纪时，塔身曾经震裂，现在已整修恢复了。

这两座源远流长的宝塔，真是西安城中的双璧！

五十三、非走不可的弯路

张爱玲

在青春的路口，曾经有那么一条小路若隐若现，召唤着我。

母亲拦住我："那条路走不得。"

我不信。

"我就是从那条路走过来的，你还有什么不信？"

"既然你能从那条路走过来，我为什么不能？"

"我不想让你走弯路。"

"但是我喜欢，而且我不怕。"

母亲心疼地看我好久，然后叹口气："好吧，你这个倔强的孩子，那条路很难走，一路小心！"

上路后，我发现母亲的确没有骗我，那的确是条弯路，我碰壁，摔跟头，有时碰得头破血流，但我不停地走，终于走过来了。

坐下来喘息的时候，我看见一个朋友，自然很年轻，正站在我当年的路口，我忍不住喊："那条路走不得。"

她不信。

"我母亲就是从那条路走过来的，我也是。"

"既然你们都可以从那条路走过来，我为什么不能？"

中国篇

"我不想让你走同样的弯路。"

"但是我喜欢。"

我看了看她，看了看自己，然后笑了："一路小心。"

我很感激她，她让我发现自己不再年轻，已经开始扮演"过来人"的角色，同时患有"过来人"常患的"拦路癖"。

在人生的路上，有一条路每一个人非走不可，那就是年轻时候的弯路。不摔跟头，不碰壁，不碰个头破血流，怎能炼出钢筋铁骨，怎能长大呢？

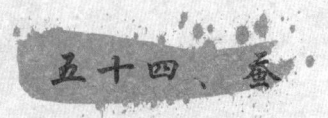

雷抒雁

她在自己的生活中织下了一个厚厚的茧。

那是用一种细细的、柔韧的、若有若无的丝织成的。是痛苦的丝织成的。

她埋怨、气恼，然后就是焦急，甚至自己折磨自己。她想用死来结束自己，同时用死来对这突不破的网表示抗议。

但是，她终于被疲劳征服了，沉沉地睡过去。她做了许多梦，那是关于花和草的梦，是关于风和水的梦，是关于阳光和彩虹的梦，还有关于爱的追逐以及生儿育女的梦……

在梦里，她得到了安定和欣慰，得到了力量和热情，得到了关于生的可贵。

当她一觉醒来，她突然明白拯救自己的，只有自己。于是，她便用牙齿把自己吐的丝一根根咬断，咬破自己织下的茧。

果然，新的光芒向她投来，像云隙间的阳光刺激着她的眼睛。新的空气，像清新的酒，使她陶醉。

她简直要跳起来了！

她简直要飞起来了！

一伸腰，果然飞起来了！原来就在她沉睡的时刻，背上长出了两片多粉的翅膀。

　　从此，她便记住了这一切。她把这些告诉子孙们：你织的茧，得你自己去咬破！

　　蚕，就是这样一代一代传下来。

五十五、不满足的人比满足的猪幸福

周国平

常有人问我：不去想那些人生的大问题，岂不可以活得快乐一些？

我想用英国哲学家约翰·穆勒的话来回答：不满足的人比满足的猪幸福，不满足的苏格拉底比满足的傻瓜幸福。

人和猪的区别就在于，人有灵魂，猪没有灵魂。苏格拉底和傻瓜的区别就在于，苏格拉底的灵魂醒着，傻瓜的灵魂昏睡着。灵魂生活开始于不满足。不满足什么？不满足于像动物那样活着。正是在这不满足之中，人展开了对意义的寻求，创造了丰富的精神世界。

中国古话说：知足常乐。这也对。智者的特点正在于，在物质生活上很容易知足，却又绝对不满足于仅仅过物质生活。相反，正如伊壁鸠鲁所说，凡不能满足于少量物资的人，再多的物质也不会使他们满足。

那么，何以见得不满足的人比满足的猪幸福呢？穆勒说，因为前者的快乐更丰富，但惟有兼知两者的人才能做出判断。也就是说，如果你是一头满足的猪，跟你说了也白说。我不是骂任何人，因为我相信，每个人身上都藏着一个不满足的苏格拉底。

五十六、还生命以过程

余秋雨

不能设想,古罗马的角斗场需要重建,庞贝古城需要重建,柬埔寨的吴哥窟需要重建,玛雅文化遗址需要重建。

这就像不能设想,远年的古铜器需要抛光,出土的断戟需要镀镍,宋版图书需要上塑,马王堆的汉代老太需要植皮丰胸、重施浓妆。

只要历史不阻断,时间不倒退,一切都会衰老。老就老了吧,安详地交给世界一副慈祥美。假饰天真是最残酷的自我糟践。没有皱纹的祖母是可怕的,没有白发的老者是让人遗憾的;没有废墟的人生太累了,没有废墟的大地太挤了,掩盖废墟的举动太伪诈了。

还历史以真实,还生命以过程。

——这就是人类的大明智。

当然,并非所有的废墟都值得留存,否则地球将会伤痕斑斑。废墟是古代派往现代的使节,经过历史的挑剔和筛选。废墟是祖辈曾经发动过的壮举,会聚着当时的力量和精粹。废墟是一个磁场,一极古代,一极现代,心灵的罗盘在这里感应强烈。失去了磁力就失去了废墟的生命,它很快就会被人们淘汰。

还历史以真实,实在是气魄宏大,但也实在艰难,

经典诵读

去改变之更不可能。但是生命却是每人实实在在所拥有的,因此可以选择自己的生命轨迹,可以改变自己的生活方式。生活是由点点滴滴的细节组成的,每一个节点都是需要我们去珍惜的,所以不要为了明天的耀眼而让今天如此黯淡。希望每天都是温和的阳光,去享受生命中的每个细节,还生命以过程。

以前读书时非常信服这样一句话:"不要只懂得过生命,而忘记了如何过生活。"每一种动物都有生命,但唯独人才拥有体现个人思想的生活,一个平凡人过着自己平凡的生活,对于他来说,有生命的目的在于过生活。也许这样想太小民思想了,但是我就是这样一个平凡的人……

五十七、秋天的怀念

史铁生

  双腿瘫痪后,我的脾气变得暴怒无常。望着望着天上北归的雁阵,我会突然把面前的玻璃砸碎;听着听着李谷一甜美的歌声,我会猛地把手边的东西摔向四周的墙壁。母亲就悄悄地躲出去,在我看不见的地方偷偷地听着我的动静。当一切恢复沉寂,她又悄悄地进来,眼边红红的,看着我。"听说北海的花儿都开了,我推着你去走走。"她总是这么说。母亲喜欢花,可自从我的腿瘫痪以后,她侍弄的那些花都死了。"不,我不去!"我狠命地捶打这两条可恨的腿,喊着,"我可活什么劲儿!"母亲扑过来抓住我的手,忍住哭声说:"咱娘儿俩在一块儿,好好儿活,好好儿活……"

  可我却一直都不知道,她的病已经到了那步田地。后来妹妹告诉我,她常常肝疼得整宿整宿翻来覆去地睡不了觉。

  那天我又独自坐在屋里,看着窗外的树叶"唰唰啦啦"地飘落。母亲进来了,挡在窗前:"北海的菊花开了,我推着你去看看吧。"她憔悴的脸上现出央求般的神色。"什么时候?""你要是愿意,就明天?"她说。我的回答已经让她喜出望外了。"好吧,就明天。"我说。她高兴得一会坐下,一会站起:"那就赶紧准备准

经典诵读

备。""哎呀,烦不烦?几步路,有什么好准备的!"她也笑了,坐在我身边,絮絮叨叨地说着:"看完菊花,咱们就去'仿膳',你小时候最爱吃那儿的豌豆黄儿。还记得那回我带你去北海吗?你偏说那杨树花是毛毛虫,跑着,一脚踩扁一个……"她忽然不说了。对于"跑"和"踩"一类的字眼,她比我还敏感。她又悄悄地出去了。

她出去了,就再也没回来。

邻居们把她抬上车时,她还在大口大口地吐着鲜血。我没想到她已经病成那样。看着三轮车远去,也绝没有想到那竟是永远的诀别。

邻居的小伙子背着我去看她的时候,她正艰难地呼吸着,像她那一生艰难的生活。别人告诉我,她昏迷前的最后一句话是:"我那个有病的儿子和我那个还未成年的女儿……"

又是秋天,妹妹推着我去北海看了菊花。黄色的花淡雅、白色的花高洁、紫红色的花热烈而深沉,泼泼洒洒,秋风中正开得烂漫。我懂得母亲没有说完的话。妹妹也懂。我俩在一块儿,要好好儿活……

五十八、家问

毕淑敏

家是什么？

家会很小很小，螺狮壳是蜗牛的家。家会很大很大，宇宙是星星的家。家会很轻很轻，像一粒浮尘，被人一指弹掉，不留一丝痕迹。家会很重很重，像一座铅山，压在肩上，寸步难行。家会很快乐很幸福，像一眼不老的喜泉。家会很凄凉很悲壮，像一汪深不可测的泪潭。

问年轻人：家是什么？他们回答：家是粉红色的玫瑰，有刺更有蕾。家是甜蜜的吻、热烈的拥抱、柔情似水的情话和思念时的邮票。问中年人：家是什么？他们回答：家是心灵与肉体的港湾，能停泊万吨巨轮也能栖息独木小舟。家是无私的付出和接纳，家是脱去疲劳的热水澡。家是一个苹果，你一大口，我一小口。家是一副重担，我愿这边的力臂短，你那边的力臂长。问老年人：家是什么？他们回答：家是黄昏湖边的挽扶，家是灯下互相剪去丝丝白发。家是一件旧风衣，风也是它，雨也是它。家是虽非一见钟情却望白头偕老的漫漫旅程。家是墓前的一支黄菊。问孩子，家是什么？他们回答：家是妈妈柔软的手和爸爸宽阔的肩膀。家是一百分时的奖励和不及格时的斥骂。家

经典诵读

是可以耍赖撒谎当皇帝，也得俯首听命当奴隶的地方。家是既让你高飞，又用一根线牵扯的风筝轴。问情人，家是什么？他们回答：家是舔着伤口的两只狼，家是荷尔蒙的汹涌分泌。家是一日不见如隔三秋。家是猜忌、争执、思念、指责的杂耍场。家是枕边泪窗前月，家是今夜你会不会来？

问养家的人：家是什么？他说：家是勋章，你挂在胸前，别人也看不见。家是暗地里逼你不断挣钱的鞭子，直抽得你遍体鳞伤。问弃家的人：家是什么？她说：家是一种能力，一种学习。我自忖无力从那里毕业，就中途逃亡了。问无家的人：家是什么？他说：家是羁绊，家是约束，家是熄灭人创造激情的沼泽地，家是一种奢侈的糜费。问恋家的人，家是什么？她说：家是树上的喜鹊窝，纵然世界毁灭了，只要家在，依然有一切。问恨家的人，家是什么？他说：家是爱情的终点，家是英雄气短的坟墓，家是累赘，家是负担，家是挂在你项上的枷锁，家是你自卖自身的契约。

我不知世上还有另外的场所，会如此众说纷纭，褒贬不一。纵观家庭，是大千世界的缩影，人们在家中卸去重要角色的面具，露出天然嘴脸，最坦率最赤裸，人性的善与丑，方寸之间，纤毫毕现。一代伟人，能制裁好一个国，未必能调理好一个家。能统帅千军万马的将军，可能是妇孺群殴下的败军。

有人认为家是最自由最放任的所在，可以放荡不羁，其实家是最考验责任感的圣坛。对一个托付终身的人，都无法负起责任，你还能承诺他人的欺嘱吗？连自己的一脉血缘都不能照料和抚育，你还能爱国爱民吗？在家中我们看到了太多太多的丑恶。对亲人施暴的人，不可能对他人仁慈。在家中阴郁的人，不可能对太阳微笑，在家中诡计多端的人，不可能真诚的对待友人。在家中粉饰虚伪的人，不可能直面惨淡的人生。

如果没有准备好，请不要撕下走进家庭的门票，如果没有爱自己也爱别人的能力，请不要构造家庭的地基。许多人抱着从家庭掠取支援的动机，匆匆为自己寻一个可供汲取能力的后勤仓库。殊不知家庭不是无中生有变出魔力的黑斗篷。

家庭的温暖，先要无私无偿的培养和付出，然后才象春草，毛茸茸的生长起来。一旦失去了爱情的滋养，再稳固的家也很快风化，爱的力量有时很巨大，有时贫瘠，全看你是否以心血浇灌。

家庭里如果没有神圣感，请别要孩子。家庭缔结之时，并不是简单男女人数相加，而是诞生了另样的结构，一个崭新的物种，这个物种的花朵和果实，就是孩子。

一花一世界，一家一宇宙。婴儿降临世上，家是包裹他的蛹壳。倘若家中住满健康的爱的花粉，他就吮吸着它用爱字样构建着自己的听觉嗅觉知觉，渐渐的酿成心中小小的蜜饯。在爱中长大的孩子，爱是她的羽翼，爱是他的长矛。在爱中蓬勃成长的孩子，他看天下就比较地勇敢，他看前途，就比较的光明，他看事物就比较的冷静。他看死亡就比较的坦然。

在纷乱和丑恶的气氛中成长的孩子，是伪劣家庭的痛苦产品。他们在家中最先看到并习惯的待人处世经验，是破碎流离和粗暴残酷。他们是那样幼小，缺乏分辨的能力，以为这就是人世间的模型，当他们走进社会的时候，会不由自主的以不良家庭模式对待他人，将紊乱和不协调传染到更远的范畴。更令人惊惧的是，来自不完美家庭的孩子们，彼此具有病态的吸引力，仿佛冥冥中有一块恶作剧的磁石，牵引性格有缺陷的男女，格外同病相怜，迫不及待走到一起。病态中的家庭，如履薄冰，全是悲剧。如果不能卓有成效的打断铰链，这种会伤人的家庭，就象顽强的稗草，代代相传，贻害无穷。

家可以很单纯，一个人也是一个完整的家，家可以很复杂，整个地球是一个共同的屋顶。

家啊，是理解奉献思念呵护，是圣洁宽容接纳和谐，是磨合欣赏忠诚沟通，是心心相印浪漫曲折生死相依海角天涯。

五十九、浴着光辉的母亲

林清玄

在公共汽车上,看见一个母亲不断疼惜呵护弱智的儿子,担心着儿子第一次坐公共汽车受到惊吓。

"宝宝乖,别怕别怕,坐车车很安全。"——那母亲口中的宝宝,看来已经是十几岁的少年了。

乘客们都用非常崇敬的眼神看着那浴满爱的光辉的母亲。

我想到,如果人人都能用如此崇敬的眼神看自己的母亲就好了,可惜,一般人常常忽略自己的母亲也是那样充满光辉。

那对母子下车的时候,车内一片静默,司机先生也表现了平时少有的耐心,等他们完全下妥当了,才缓缓起步,开走。

乘客们都还向那对母子行注目礼,一直到他们消失于街角。

我们为什么对一个人完全无私的溶入爱里会有那样庄严的静默呢?原因是我们往往难以达到那种完全溶入的庄严境界。

完全的溶入,是无私的、无我的,无造作的,就好像灯泡的钨丝突然接通,就会点亮而散发光辉。

就以对待孩子来说吧!弱智的孩子在母亲的眼中

经典诵读

是那么天真、无邪，那么值得爱怜，我们自己对待正常健康的孩子则是那么严苛，充满了条件，无法全心地爱怜。

但愿，我们看自己孩子的眼神也可以像那位母亲一样，完全无私、溶入，有一种庄严之美，充满爱的光辉。

中国篇

六十、生活本该如此

莫言

多年前我跟一位同学谈话。那时他太太刚去世不久，他告诉我说，他在整理他太太的东西的时候，发现了一条丝质的围巾，那是他们去纽约旅游时，在一家名牌店买的。那是一条雅致、漂亮的名牌围巾，高昂的价格卷标还挂在上面，他太太一直舍不得用，她想等一个特殊的日子才用。讲到这里，他停住了，我也没接话，好一会儿后他说："再也不要把好东西留到特别的日子才用，你活着的每一天都是特别的日子。"

以后，每当想起这几句话时，我常会把手边的杂事放下，找一本小说，打开音响，躺在沙发上，抓住一些自己的时间。我会从落地窗欣赏淡水河的景色，不去管玻璃上的灰尘，我会拉着家人到外面去吃饭，不管家里的饭菜该怎么处理。生活应当是我们珍惜的一种经验，而不是要捱过去的日子。

我曾将这段谈话与一位女士分享。后来见面时，她告诉我她现在已不像从前那样，把美丽的瓷具放在酒柜里了。以前她也以为要留到特别的日子才拿出来用，后来发现那一天从未到来。"将来""总有一天"已经不存在于她的字典里了。如果有什么值得高兴的事，有什么得意的事，她现在就要听到，就要看到。

经典诵读

我们常想跟老朋友聚一聚，但总是说"找机会"。

我们常想拥抱一下已经长大的小孩，但总是等适当的时机。

我们常想写信给另外一半，表达浓郁的情意，或者想让他知道你很佩服他，但总是告诉自己不急。

其实每天早上我们睁开眼睛时，都要告诉自己这是特别的一天。每一天，每一分钟都是那么可贵。

有句台词说：你该尽情地跳舞，好像没有人看一样。你该尽情地爱人，好像从来不会受伤害一样。

我也要尽情地跳舞，尽情地爱。你呢？第一件事是不是与好朋友分享这想法？

你看完这篇短文后，可以马上起身去擦桌子，或洗碗；可以把报纸放一边，闭起眼睛沉思一会；也可以把这篇短文拷贝下来，传给很多朋友。

活在当下，顺其自然。生活本该如此！

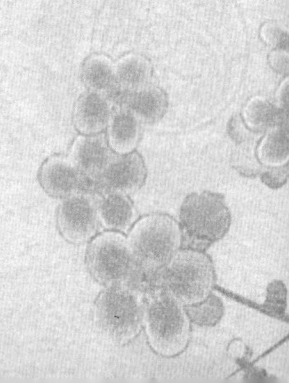

第三章 革命诗文

一、无题

孙中山

半壁东南三楚雄,刘郎死去霸图空。
尚余遗孽艰难甚,谁与斯人慷慨同。
塞上秋风悲战马,神州落日泣哀鸿。
几时痛饮黄龙酒,横揽江流一奠公。

二、黄海舟中日人索句并见日俄战争地图

秋瑾

万里乘云去复来，只身东海挟春雷。
忍看图画移颜色，肯使江山付劫灰。
浊酒不销忧国泪，救时应仗出群才。
拼将十万头颅血，须把乾坤力挽回。

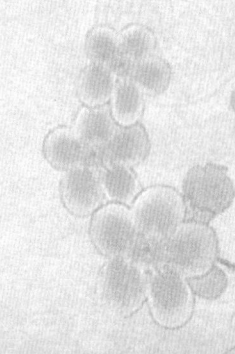

三、吊鉴湖秋女士

柳亚子

饮刃匆匆别鉴湖,秋风秋雨血模糊。
填平沧海怜精卫,啼断空山泣鹧鸪。
马革裹尸原不负,蛾眉短命竟何如!
凭君莫把沉冤说,十日扬州抵得无?

四、送儿上前线

任锐

送儿上前线，气壮情亦怆。
五龄父罹难，家贫缺衣粮。
十四入行伍，母心常凄伤。
烽火遍华夏，音信两渺茫。
昔别儿尚幼，犹著童子装；
今日儿归来，长成父模样。
相见泪沾襟，往事安能忘？
父志儿能继，辞母上前方。

五、七律·长征

毛泽东

红军不怕远征难,
万水千山只等闲。
五岭逶迤腾细浪,
乌蒙磅礴走泥丸。
金沙水拍云崖暖,
大渡桥横铁索寒。
更喜岷山千里雪,
三军过后尽开颜。

六、带镣行

刘伯坚

带镣长街行,蹒跚复蹒跚,
市人争瞩目,我心无愧怍。
带镣长街行,镣声何铿锵,
市人皆惊讶,我心自安详。
带镣长街行,志气愈轩昂,
拼作阶下囚,工农齐解放。

七、囚歌

叶挺

为人进出的门紧锁着，
为狗爬走的洞敞开着，
一个声音高叫着：
爬出来吧，给你自由！
我渴望着自由，
但也深知道——
人的躯体哪能由狗的洞子爬出！
我只能期待着，
那一天——
地下的烈火冲腾，
把这活棺材和我一齐烧掉，
我应该在烈火和热血中得到永生。

八、热血歌

李叔敬

殷红的血,映照着火热的太阳;
突进的力,激跳着复仇的决心;
洗清,我中华民族的国土;
开辟,一条解放奴隶的先路!

中国篇

九、一种云

瞿秋白

天总是皱着眉头,太阳光如果还射到地面上,那也总是稀微的淡薄的。至于月亮,那更不必说,他只是偶然露出半面。用他那惨淡的眼光看一看这罪孽的人间,这是寡妇孤儿的眼光,眼睛里含着总算还没有流干的眼泪。受过不只一次封禅大典的山岳,至少有大半截是上了天,只留下一点山脚给人看。黄河,长江……据说是中国文明的母亲,也不知道怎么变了心,对于他们的亲骨肉,都摆出一副冷酷的面孔。从春天到夏天,从秋天到冬天,这样一年年的过去,淫虐的雨,凄厉的风和肃杀的霜雪更番的来去,一点儿光明也没有。这样的漫漫长夜,已经二十年了。这都是一种云在作祟。那云是从什么地方来的?这是太平洋上的大风暴吹过来的,这是大西洋上的狂飙吹过来的。还有那模糊的血肉——榨床底下淌着的模糊的血肉蒸发出来的。那些会画符的人——会写借据,会写当票的人,就用这些符在呼召。那些吃泥土的土蜘蛛,——虽然死了也不过只要六尺土地藏他的贵体,可是活着总要吃这么一二百亩三四百亩的土地,——这些土蜘蛛就用屁股在吐着。那些肚里装着铁心肝钢肚肠的怪物,又竖起了一根根的烟囱在那里喷着。狂

经典诵读

飙风暴吹来的，血肉蒸发的，呼召来的，吐出来的，喷出来的，都是这种云。这是战云。

难怪总是漫漫的长夜了！

什么时候才黎明呢？

看那刚刚发现的虹。祈祷是没有用的了。只有自己去做雷公公电闪娘娘。那虹发现的地方，已经有了小小的雷电，打开了层层的乌云，让太阳重新照到紫铜色的脸。如果是惊天动地的霹雳，那才拨得满天的愁云惨雾。这可只有自己做了雷公公电闪娘娘才办得到。要使小小的雷电变成惊天动地的霹雳！

中 国 篇

方志敏

我从事革命斗争，已经十余年了。在这长期的奋斗中，我一向是过着朴素的生活，从没有奢侈过。经手的款项，总在数百万元，但为革命而筹集的金钱，是一点一滴地用之于革命事业。这在国民党的伟人们看来，颇似奇迹，或认为夸张，而矜持不苟，舍己为公，却是每个共产党员具备的美德。所以，如果有人问我身边有没有一些积蓄，那我可以告诉你一桩趣事：

就在我被俘的那一天——一个最不幸的日子，有两个国民党军的兵士，在树林中发现了我，而且猜到我是什么人的时候，他们满肚子热望在我身上搜出一千或八百大洋，或者搜出一些金镯金戒指一类的东西，发个意外之财。哪知道从我上身摸到下身，从袄领捏到袜底，除了一只时表和一支自来水笔之外，一个铜板都没有搜出。他们于是激怒起来了，猜疑我是把钱藏在哪里，不肯拿出来。他们之中有一个左手拿着一个木柄榴弹，右手拉出榴弹中的引线，双脚拉开一步，做出要抛掷的姿势，用凶恶的眼光盯住我，威吓地吼道："赶快将钱拿出来，不然就是一炸弹，把你炸死去！"

经典诵读

"哼！你不要做出那难看的样子来吧！我确实一个铜板都没有存，想从我这里发洋财，是想错了。"我微笑着淡淡地说。

"你骗谁！像你当大官的人会没有钱！"拿榴弹的兵士不相信。

"绝不会没有钱的，一定是藏在哪里，我是老出门的，骗不得我。"另一个兵士一面说，一面弓着背重来一次将我的衣角裤裆过细的捏，总企望着有新的发现。

"你们要相信我的话，不要瞎忙吧！我不比你们国民党当官的，个个都有钱，我今天确实是一个铜板也没有，我们革命不是为着发财啦！"我再向他们解释。

等他们确知在我身上搜不出什么的时候，也就停手不搜了，又在我藏躲地方的周围，低头注目搜寻了一番，也毫无所得，他们是多么的失望啊！那个持弹欲放的兵士，也将拉着的引线，仍旧塞进榴弹的木柄里，转过来抢夺我的表和水笔。彼此说定表和笔卖出钱来平分，才算无话。他们用怀疑而又惊异的目光，对我自上而下地望了几遍，就同声命令地说："走吧！"

是不是还要问问我家里有没有一些财产？请等一下，让我想一想，啊，记起来了，有的有的，但不算多。去年暑天我穿的几套旧的汗褂裤，与几双缝上底的线袜，已交给我的妻放在深山坞里保藏着——怕国民党军进攻时，被人抢了去，准备今年暑天拿出来再穿，那些就算是我唯一的财产了。但我说出那几件"传世宝"来，岂不要叫那些富翁们齿冷三天?!

　　清贫，洁白朴素的生活，正是我们革命者能够战胜许多困难的地方！

 十一、我们的中国

郑振铎

我们的中国,
我们的中国!
是你在召唤我们吗?
是的,我们来,
我们将放下一切而来!

我们的中国,
我们的中国!
是谁将你的光荣蔑辱?
我们的刀将为你而拔,
我们的生命将为你而舍弃。

我们的中国,
我们的中国!
那张忧郁悲闷的脸是你的么?
不,不,你将不再颓唐自放!
我们将为你除去了一切忧闷之原。

我们的中国,
我们的中国!

中 国 篇

是你这样的瘠弱，贫困么？
我们将为你而工作，工作，工作，
直到你恢复你的强健与富饶。

我们的中国，
我们的中国！
是你在召唤我们么？
是的，我们已准备了，
我们将放下了一切而来！

十二、过新年

张天汉

提起过新年,国旗挂街前,
想起新年叫人好心酸。
国内新军阀,各不相上下,
一胜一败争割乱如麻。
杀的是民命,刮的是民财,
这样杀刮我们怎下台。
工农同志们,团结要齐心,
把地主豪绅铲除不留根。

十三、梅岭三章

陈毅

（一）

断头今日意如何？
创业艰难百战多。
此去泉台招旧部，
旌旗十万斩阎罗。

（二）

南国烽烟正十年，
此头须向国门悬。
后死诸君多努力，
捷报飞来当纸钱。

（三）

投身革命即为家，
血雨腥风应有涯。
取义成仁今日事，
人间遍种自由花。

十四、自由鸟

黎时中

飓风暴雨，
打得我好苦！
打翻了我的旧巢，
淋湿了我美丽的衣裳。
振着翅风，
奋着勇气，
再也找不着栖身的枝儿安息！
转瞬风雨停定，
那和煦的阳光，
从稀薄的云霞中射出！
照着那鲜绿的嫩叶，
我的自然衫，
被可爱的阳光曝干了。
那时间——
乘着狂风，
任我飞得海尽山穷，
把身体上一丝一片的羽毛，
吹散在自由的空中。

十五、学生准则

蒋琼林

勤奋耐劳,庄重俭朴;
尊长爱幼,睦邻守信;
独立自尊,意志坚强;
维护社会公益,
肩负改造社会;
雪国耻,挽利权,
领导弱小民族,
完成国民革命。

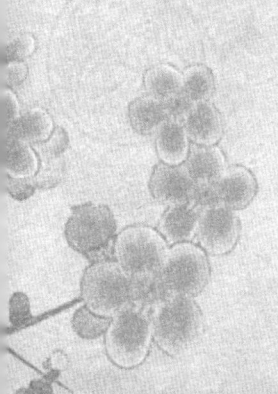

十六、七言绝句

苏俊

人生能有几春秋，
事事如愿更难求。
追求真理永不悔，
终身奋斗誓不休。

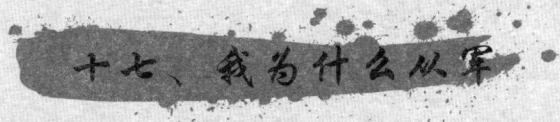

十七、我为什么从军

陈修文

有情有欲,有欲有取,有取有争,争则乱,争乱相循而大患生也。夫安人类、定大患者,非武其谁足以当之哉?

故国家必有军,圣人必用武。禁暴、辑兵、保大、定功、安民、和众、丰财,武之德也。当今天下大通,列国星布,强力飞横,兵备充斥,可谓穷武力之极矣。

真能安人类定大患者其谁耶?夫东亚华胄、文明古邦,以数千年之国魂,挟四万万民众遗风无以展翼。计蜷缩乡隅,潜学自励。孰意事不出此。噩耗阗来,危及乡土,惊惶我父兄,忧惧我子弟,而潜伏此乎?寝不安席,食不甘味,天下事出自非常,大丈夫宁能屈忍?揽袖而起,意决从军,此生之近因也。

十八、西江月·遵义大捷

张爱萍

夺得娄山天险,直下遵义月明。

鏖战竟日老鸦岭,援敌两师丧尽。

长征首获大胜,转战历数艰辛。

欢声动地如雷鸣,远望万山纵横。

十九、迎接胜利

何雪松

乌云遮不住太阳，
冰雪锁不住春天，
铁牢——
关住了战士的身子，
关不住要解放的心愿。
不怕你豺狼遍野，
荆棘满山，
怎比得，
真理的火流，
革命的烈焰。
看破晓的红光，
销铄了云层，
解放的歌声，
响亮在人间。
用什么来迎接我们的胜利？
用我们不屈的意志，
坚贞的信念！

二十、到解放区去

江竹筠

我要到敌后,到解放区。
我厌恶,住在腐烂了的城市,跟着烂下去。
我恨不得,早点离开
那政客们所玩弄,就是特务的盯梢,
狞笑和狂吠的这些学校。
烈火,在地面燃烧;
烈火,在我心里燃烧呵!
我已经,决定了
我就要到敌后,到解放区。
我没有想,我要躲避
讨厌的环境;
到另一个村落,去看看星星,白云,
听流水的声音,
赶走现实的丑恶,暴虐和灾难。
我潜入敌后,并不是要伴爹娘妻子,
做安分的奴隶
或者我到解放区,只是仅仅为了,
去看看新奇的东西;
去采撷由人民,

播了种,开了花,
在民主的欢笑声中,
收获下来的
幸福的果实。
不,我去,是为着
这里有无数痛苦贫穷的农民
他们张开含泪的眼睛,
伸出求援的手
这里有无数的市民,
他们窒息在无望之中,
要求着世界来一个改变。
因为他们需要一个新的年头。
在敌后,在解放区呢!

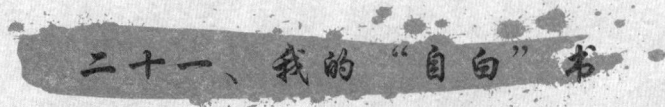

二十一、我的"自白"书

陈然

任脚下响着沉重的铁镣，
任你把皮鞭举得高高，
我不需要什么"自白"，
哪怕胸口对着带血的刺刀！
人，不能低下高贵的头，
只有怕死鬼才乞求"自由"；
毒刑拷打算得了什么？
死亡也无法叫我开口！
对着死亡我放声大笑，
魔鬼的宫殿在笑声中动摇；
这就是我——一个共产党员的"自白"，
高唱凯歌埋葬蒋家王朝！

二十二、意志在闪光

蔡梦慰

讲着人的语言,
穿戴着人的衣冠,
完全同人类一个模样儿,
却长着蛇与狼的肺脏。
让天真的生物学者去疑惑——
世界上会有这种动物!
这里的二百多个人,
每一个都是活证,
每一个的身上永留着它底爪痕。
热铁烙在胸脯上,
竹签子钉进每一根指尖,
用凉水来灌鼻孔,
用电流通过全身……
人底意志呀,
在地狱的毒火里熬炼——
像金子一般的亮!
像金子一般的坚!
可以使皮肉烧焦,
可以使筋骨折断;
铁的棍子,
木的杠子,

经典诵读

撬不开紧咬着的嘴唇，
——那是千百个战士的安全线呵！
用刺刀来切剖胸腹吧，
挖得出的——
也只有又热又红的心肝！
"老虎凳"，"鸭儿浮水"……
"水胡芦"，"飞机下蛋"……
多么别致而又丰富的字眼呀，
在它们的辞典上，
是对付反抗者的工具，
是赏心乐意的游戏；
而在人类的斗争史上，
却用鲜红的字迹注写着：
炼成钢的熔炉，
琢成玉的磨床。
你，断了腿的，
你，折了臂的……
让自己底躯体残废，
为了花朵开放得完美，
为了果实结垒得丰盛。
是收获的季节了，
当着你的朋友、爱人、同志……
每一处伤痕呀，
都夸示着它所表现的光荣，
它所包含的意义。

二十三、为祖国而歌

胡风

在黑暗里在重压下在侮辱中
苦痛着呻吟着挣扎着
是我底祖国
是我底受难的祖国!
在祖国
忍受着面色底痉挛
和呼吸喘促
以及茫茫的亚细亚的黑夜,
如暴风雨下的树群
我们成长了
为有明天
为了抖去苦痛和侮辱底重载
朝阳似地
绿草似地
生活会笑
祖国呵
你底儿女们
歌唱在你底大地上面
战斗在你底大地上面

经典诵读

喋血在你底大地上面

在卢沟桥
在南口
在黄浦江
在敌人底铁蹄所到的一切地方,
迎着枪声炮声炸弹声地呼啸声——
祖国呵
为了你
为了你底勇敢的儿女们
为有明天
我要尽情地歌唱:
用我底感激
我底悲愤
我底热泪
我底也许迸溅在你底土壤上的活血!

人说：无用的笔呵
把它扔掉好啦。
然而，祖国呵
就是当我拿着一把刀
或者一枝枪
在丛山茂林中出没有时候罢
依然要尽情地歌唱
依然要倾听兄弟们底赤诚的歌唱——

迎着铁底风暴
火底风暴
血底风暴
歌唱出郁积在心头上的仇火
歌唱出郁积在心头上的真爱
也歌唱盘结在你古老的灵魂
里的一切死渣和污秽
为了抖掉苦痛和侮辱重载
为了胜利
为了自由而幸福的明天
为了你呵，生我的养我的教给我什么是爱，什么
是恨的，使我在爱里恨里苦痛的，辗转于苦
痛里
但依然
能够给希望给我力量的
我底受难的祖国！

二十四、丰碑在民间

高占祥

潮起潮落哟惊涛拍岸,
海燕高旋哟云舒云卷。
浮沉在大海的东山岛哟,
不堪回首话当年。
忆往昔——
兵荒马乱,
生灵遭涂炭;
且看那——
黄沙滚滚
吞噬村落毁良田;
狂风怒号啊,
飞沙走石埋家园!
东山的百姓啊——
灶中十日九无烟。
老人饿得眼发黑,
妙龄少女无衣穿。
哭天喊地望北斗啊,
月冷星稀凄惨惨!
一缕春光——

冉冉透过一线天。
谷文昌啊
欣然奉命到东山。
他——
一颗爱民心，
一双铁脚板，
一腔赤子情哟，
一副英雄胆！
他——
顶着狂风，
一山一岭探风向；
他——
冒着危险，
一村一镇查灾源。
黄沙扑面，
他揉揉双眼，
风雨交加，
他拍拍双肩，
继续挥镐在山巅；
干粮断了顿，
他勒勒腰带，
忍着饥饿战荒原。
冷风，
吹不灭他心中的火焰；

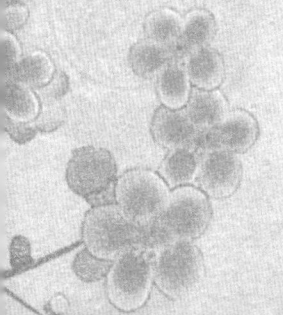

经典诵读

恶浪，
冲不垮他爱民的情感；
坎坷，
挡不住他前进的脚步；
挫折，
吓不倒这铁骨铮铮英雄汉！
他——
风里雨里不回首，
当官做官不像官。
挑起水桶去浇树，
拎起钢钎去开山。
挽起袖子去筑坝，
卷起裤腿去耕田。
他唤起——
东岛愚公齐上阵，
披星戴月、顶风冒雨战荒滩。
他率领乡亲们——
修水渠、引清泉，
建水库，灌苍原，
造大桥，跨天堑，
铺公路啊通山巅！
撵得黄沙走西口，
逼得荒凉出东山！

天，在变，
地，在变，
人，在变。
天地人啊都在变！
孤岛变半岛，
沙漠变良田。
天堑变通途，
旷野变校园。
穷县变富县啊，
荒山变金山！
谷文昌——
呕心沥血染重病，
含笑而去上九天。
骨灰撒在东山上，
英灵日夜守家园。
乡民泪水一串串，
林海松涛在呼唤：
谷书记是个大恩人呐，
心血换来幸福泉；
谷书记是棵菩提树哟，
福荫久久罩东山！
泉水咚咚——
在赞美谷书记的心灵；

经典诵读

山鸟嘤嘤——
在歌唱谷书记的风范。
政声人去后,
美德更伟岸。
政声人去后,
真情出天然。
政声人去后啊,
丰碑在民间!

二十五、我骄傲，我是中国人

王怀让

在无数蓝色的眼睛和褐色的眼睛之中，
我有着一双宝石般的黑色眼睛，
我骄傲，我是中国人！

在无数白色的皮肤和黑色的皮肤之中，
我有着大地般黄色的皮肤，
我骄傲，我是中国人！

我是中国人——
黄土高原是我挺起的胸脯，
黄河流水是我沸腾的热血，
长城是我扬起的手臂，
泰山是我站立的脚跟。
我骄傲，我是中国人。

我是中国人——
我的祖先最早走出森林，
我的祖先最早开始耕耘，
我是指南针、印刷术的后裔，
我是圆周率、地动仪的子孙。
在我的民族中，

经典诵读

不光有史册上万古不朽的
孔夫子、司马迁、李自成、孙中山,
还有那文学史上万古不朽的
花木兰、林黛玉、孙悟空、鲁智深。
我骄傲,我是中国人!

我是中国人——
在我的国土上,
不光有雷电轰击不倒的长白雪山、黄山劲松,
还有那风雨不灭的井冈传统、延安精神!

我是中国人——
我那黄河一样粗犷的声音,
不光响在联合国的大厦里,
大声发表着中国的议论,
也响在奥林匹克的赛场上,
大声高喊着"中国得分"!
当掌声把五星红旗送上蓝天,
我骄傲,我是中国人!

我是中国人——
我那长城一样的巨大手臂,
不光把采油钻杆钻进外国人预言打不出石油的地心;
也把通信卫星送上祖先们梦里也没有到过的白云;
当五大洲倾听东方的时候,
我骄傲,我是中国人!

中 国 篇

我是中国人——
我是莫高窟壁画的传人,
让那翩翩欲飞的壁画与我们同往。
我就是飞天,
飞天就是我。
我骄傲,我是中国人!

外国篇

经典诵读

一、你的长夏永远不会凋谢

〔英国〕莎士比亚

我怎能够把你来比拟作夏天？
你不独比他可爱也比他温婉；
狂风把五月宠爱的嫩蕊作践，
夏天出赁的期限又未免太短；
天上的眼睛有时照得太酷烈，
他那炳耀的金颜又常遭掩蔽；
给机缘或无偿的天道所摧残，
没有芳颜不终于凋残或销毁。
但你的长夏将永远不会凋落，
也不会损失你这皎洁的红芳；
或死神夸口你在他影里漂泊，
当你在不朽的诗里与时同长。
只要一天有人类，或人有眼睛，
这诗将长在，并且赐给你生命。

二、《西风颂》选段

〔英国〕雪莱

把我当作你的竖琴,当作那树丛:
尽管我的叶落了,那有什么关系!
你那非凡和谐的慷慨激越之情
定能从森林和我同奏出深沉的秋韵,
甜美而带苍凉。给我你迅猛的劲头,
狂暴的精灵!化成我吧,借你的锋芒!
请把我尘封的思想散落在宇宙
让它像枯叶一样促成新的生命!
哦,请听从这一篇符咒似的诗歌,
就把我的心声,像是灰烬和火星
从还未熄灭的炉火向人间播散!
让预言的喇叭通过我的嘴巴
把昏睡的大地唤醒吧!哦,西风啊,
如果冬天来了,春天还会远吗?

经典诵读

三、我孤独地漫游,像一朵云

〔英国〕威廉·华兹华斯

我孤独地漫游,像一朵云,
在山丘和谷地上飘荡,
忽然间,我看见一群
金色的水仙花迎春开放,
在树荫下,在湖水边,
迎着微风起舞翩翩。
连绵不绝,如繁星灿烂,
在银河里闪闪发光,
它们沿着湖湾的边缘
延伸成无穷无尽的一行;
我一眼看见了一万朵,
在欢舞之中起伏颠簸。
粼粼波光也在跳着舞,
水仙的欢欣却胜过水波;
与这样快活的伴侣为伍,
诗人怎能不满心欢乐!
我久久凝望,却想象不到
这奇景赋予我多少财宝——
每当我躺在床上不眠,

外国篇

或心神空茫,或默默沉思,
它们常在心灵中闪现,
那是孤独之中的福祉;
于是我的心便涨满幸福,
和水仙一同翩翩起舞。

经典诵读

四、我见过你哭

〔英国〕拜伦

我看过你哭——一滴明亮的泪
涌上了你蓝色的眼珠；
那时候，我心想，这岂不就是
一朵紫罗兰上垂着露；

我看过你笑——蓝宝石的火焰
在你前面也不再发闪，
呵，宝石的闪烁怎能比得上
你那一瞥的灵活的光线。

仿佛是乌云从远方的太阳
得到浓厚而柔和的色彩，
就是冉冉的黄昏的暗影
也不能将它从天空逐开；

你那微笑给我阴沉的脑中
也灌注了纯洁的欢乐；
你的容光留下了光明一闪，
直似太阳在我心里放射。

五、如果记住就是忘却

〔美国〕艾米莉·狄金森

如果记住就是忘却,
我将不再回忆。
如果忘却就是记住,
我多么接近于忘却。
如果相思,是娱乐,
而哀悼,是喜悦,
那些手指何等欢快,今天,
采撷到了这些。

经典诵读

六、未选择的路

〔美国〕罗伯特·弗罗斯特

黄色的树林里分出两条路,
可惜我不能同时去涉足,
我在那路口久久伫立,
我向着一条路极目望去,
直到它消失在丛林深处。
但我却选了另外一条路,
它荒草萋萋,十分幽寂,
显得更诱人、更美丽,
虽然在这两条小路上,
都很少留下旅人的足迹。
虽然那天清晨落叶满地,
两条路都未经脚印污染。
啊,留下一条路等改日再见!
但我知道路径延绵无尽头,
恐怕我难以再回返。
也许多少年后在某个地方,
我将轻声叹息将往事回顾:
一片树林里分出两条路——
而我选择了人迹更少的一条,
从此决定了我一生的道路。

七、诗人走在田野上

〔法国〕雨果

诗人走到田野上；他欣赏，
他赞美，他在倾听内心的竖琴声。
看见他来了，花朵，各种各样的花朵，
那些使红宝石黯然失色的花朵，
那些甚至胜过孔雀开屏的花朵，
金色的小花，蓝色的小花，
为了欢迎他，都摇晃着她们的花束，
有的微微向他行礼，有的做出娇媚的姿态，
因为这样符合美人的身份，她们
亲昵地说："瞧，我们的情人走过来了！"
而那些生活在树林里的葱茏的大树，
充满着阳光和阴影，嗓子变得沙哑，
所有这些老头，紫杉，菩提树，枫树，
满脸皱纹的柳树，年高德劭的橡树，
长着黑枝杈，披着藓苔的榆树，
就像神学者们见到经典保管者那样，
向他行着大礼，并且一躬到底地垂下，
他们长满树叶的头颅和常春藤的胡子，
他们观看着他额上宁静的光辉，
低声窃窃私语："是他！是这个幻想家来了！"

八、幸福的憧憬

〔德国〕歌德

别对人说，除了哲士，
因为俗人只知嘲讽；
我要颂扬那渴望去
死在火光中的生灵。

在爱之夜的清凉里，
你接受，又赐与生命；
异样的感觉抓住你，
当烛光静静地辉映。

你再也不能够蛰伏
在黑暗的影里困守，
新的怅望把你催促
去处那更高的婚媾。

你不计路程的远近，
飞着跑来，象着了迷，
而终于，贪恋着光明，
飞蛾，你被生生焚死。

如果你一天不发觉
"你得死和变！"这道理，
终是个凄凉的过客
在这阴森森的逆旅。

九、美好的一天

〔波兰〕米沃什

多美好的一天啊!
花园里干活儿,
晨雾已消散,
蜂鸟飞上忍冬的花瓣。
世界上没有任何东西我想占为己有,
也没有任何人值得我深深地怨;
那身受的种种不幸我早已忘却,
依然故我的思想也纵使我难堪,
不再考虑身上的创痛,
我挺起身来,
前面是蓝色的大海,
点点白帆。

十、我愿意是急流

〔匈牙利〕裴多菲

我愿意是急流，山里的小河，
在崎岖的路上、岩石上经过……
只要我的爱人是一条小鱼，
在我的浪花中快乐地游来游去。

我愿意是荒林，在河流的两岸，
对一阵阵的狂风，勇敢的作战……
只要我的爱人是一只小鸟，
在我的稠密的树枝间做窠，鸣叫。

我愿意是废墟，在峻峭的山岩上，
这静默的毁灭并不使我懊丧……
只要我的爱人是青青的常春藤，
沿着我荒凉的额，亲密的攀援上升。

我愿意是草屋，在深深的山谷底，
草屋的顶上饱受风雨的打击……
只要我的爱人是可爱的火焰，
在我的炉子里愉快的缓缓闪现。

外国篇

我愿意是云朵，是灰色的破旗，
在广漠的空中，懒懒的飘来荡去，
只要我的爱人，是珊瑚似的夕阳，
傍着我苍白的脸，显出鲜艳的辉煌。

十一、爱的佳节

〔奥地利〕莱瑙

靠着它那各样的歌声,
云雀快乐地攀上高空,
歌手们的欢呼的合唱,
响彻充满花香的林中。
只要是视线所及之处,
都隆重地建好了祭台,
千万颗心在高声欢唱,
庆贺爱情的良辰佳节。
教堂里绿宝石烛台上,
春天点起了蔷薇之火,
每个人全都心潮泛滥,
注入奉献牺牲的大河。

十二、我喜欢你是寂静的

〔智利〕聂鲁达

我喜欢你是寂静的,仿佛你消失了一样,
你从远处聆听我,我的声音却无法触及你。
好像你的双眼已经飞离去,如同一个吻,封缄了你的嘴。
如同所有的事物充满了我的灵魂,
你从所有的事物中浮现,充满了我的灵魂。
你像我的灵魂,一只梦的蝴蝶。你如同忧郁这个词。
我喜欢你是寂静的,好像你已远去。
你听起来像在悲叹,一只如鸽悲鸣的蝴蝶。
你从远处听见我,我的声音无法触及你:
让我在你的沉默中安静无声。
并且让我借你的沉默与你说话,
你的沉默明亮如灯,简单如指环,
你就像黑夜,拥有寂寞与群星。
你的沉默就是星星的沉默,遥远而明亮。
我喜欢你是寂静的,仿佛你消失了一样,
遥远而且哀伤,仿佛你已经死了。
彼时,一个字,一个微笑,已经足够。
而我会觉得幸福,因那不是真的而觉得幸福。

十三、生如夏花

〔印度〕泰戈尔

生命,一次又一次轻薄过
轻狂不知疲倦
   ——题记

我听见回声,来自山谷和心间
以寂寞的镰刀收割空旷的灵魂
不断地重复决绝,又重复幸福
终有绿洲摇曳在沙漠
我相信自己
生来如同璀璨的夏日之花
不凋不败,妖冶如火
承受心跳的负荷和呼吸的累赘
乐此不疲

我听见音乐,来自月光和胴体
辅极端的诱饵捕获飘渺的唯美
一生充盈着激烈,又充盈着纯然
总有回忆贯穿于世间
我相信自己
死时如同静美的秋日落叶
不盛不乱,姿态如烟

即便枯萎也保留丰肌清骨的傲然
玄之又玄

我听见爱情，我相信爱情
爱情是一潭挣扎的蓝藻
如同一阵凄微的风
穿过我失血的静脉
驻守岁月的信念

我相信一切能够听见
甚至预见离散，遇见另一个自己
而有些瞬间无法把握
任凭东走西顾，逝去的必然不返
请看我头置簪花，一路走来一路盛开
频频遗漏一些，又深陷风霜雨雪的感动

般若波罗蜜，一声一声
生如夏花之绚烂，死如秋叶之静美
还在乎拥有什么

〔丹麦〕安徒生

在浪花冲打的海岸上,
有间孤寂的小茅屋,
一望辽阔无边无际,
没有一棵树木。

只有那天空和大海,
只有那峭壁和悬崖,
但里面有着最大的幸福,
因为有爱人同在。

茅屋里没有金和银,
却有一对亲爱的人,
时刻地相互凝视,
他们多么情深。

这茅屋又小又破烂,
伫立在岸上多孤单,
但里面有着最大的幸福,
因为有爱人作伴。

十五、当你老了

〔爱尔兰〕叶芝

当你老了,头发白了,睡意昏沉,
炉火旁打盹,请取下这部诗歌,
慢慢读,回想你过去眼神的柔和,
回想它们昔日浓重的阴影;
多少人爱你青春欢畅的时辰,
爱慕你的美丽,假意或真心,
只有一个人爱你那朝圣者的灵魂,
爱你衰老了的脸上痛苦的皱纹;
垂下头来 在红光闪耀的炉子旁,
凄然地轻轻诉说那爱情的消逝,
在头顶的山上它缓缓踱着步子,
在一群星星中间隐藏着脸庞。

经典诵读

十六、在我心灵深处

〔日本〕岛崎藤村

在我心灵深处，
藏着一个难言的秘密。
如今我成了活的供品，
除了你又有谁知。

假如我是一只鸟，
就在你居室的窗前飞来飞去。
从早到晚不停翅，
把心底的情歌唱给你。

假如我是一只梭，
就听任你白嫩的手指，
把我春日的长相思，
随着柔丝织进布里。

假如我是一片草，
就长在野外为你铺地。
只要能亲吻你的步履，
我甘愿让你踩成泥。

外国篇

叹息溢我被褥，
忧思浸我枕席。
不待晨鸟惊醒梦魂，
已是泪打床湿。

纵有千言万语，
怎能表我心迹？
只有一颗火热的心，
将一曲琴声寄给你。

十七、我不再归去

〔西班牙〕希梅内斯

我已不再归去。
晴朗的夜晚温凉悄然,
凄凉的明月清辉下,
世界早已入睡。

我的躯体已不在那里,
而清凉的微风,
从敞开的窗户吹进来,
探问我的魂魄何在。

我久已不在此地,
不知是否有人还会把我记起,
也许在一片柔情和泪水中,
有人会亲切地回想起我的过去。

但是还会有鲜花和星光,
叹息和希望,
和那大街上,
浓密的树下情人的笑语。

还会响起钢琴的声音,
就像这寂静的夜晚常有的情景,
可在我住过的窗口,
不再会有人默默地倾听。

十八、庄严的声明

〔葡萄牙〕肯塔尔

我曾对自己心说：看看吧
我们枉走多少路！现在
想想吧，在这寒冷严峻的高度
我们用泪水浇灌的荒漠……

曾有鲜花和美景的地方，只剩灰烬！
曾是春光明媚的去处，黑夜当头！
看看你脚下的大地便会失望，
播种机在播种黑暗的痛苦！

然而我的心，变得勇敢坚强
在反反复复的磨难中，
也在痛苦中重建信仰，

心儿回答说；在这高度我看到了爱！
生活并非一无是处，如果这就是生活，
那她再也不是磨难和痛苦。

经典诵读

十九、海涛

〔意大利〕夸西莫多

多少个夜晚
我听到大海的轻涛细浪
拍打柔和的海滩,
抒出了一阵阵温情的
软声款语。
仿佛从消逝的岁月里
传来一个亲切的声音
掠过我的记忆的脑海
发出袅袅不断的
回音。
仿佛海鸥
悠长低徊的啼声;
或许是
鸟儿向平原飞翔
迎接旖旎的春光
婉转的歌唱。
你
与我——
在那难忘的岁月

伴随这海涛的悄声碎语
曾是何等亲密相爱。
啊，我多么希望
我的怀念的回音
像这茫茫的黑夜里
大海的轻涛细浪
飘然来到你的身旁。

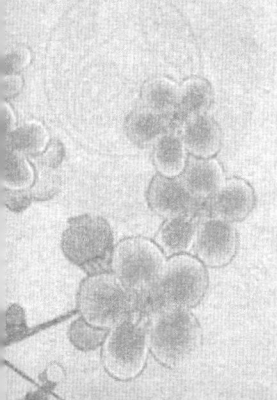

二十、致大海

〔俄国〕普希金

再见吧,自由奔放的大海!
这是你最后一次在我的眼前,
翻滚着蔚蓝色的波浪,
和闪耀着娇美的容光。
好像是朋友忧郁的怨诉,
好像是他在临别时的呼唤,
我最后一次在倾听
你悲哀的喧响,你召唤的喧响。
你是我心灵的愿望之所在呀!
我时常沿着你的岸旁,
一个人静悄悄地,茫然地徘徊,
还因为那个隐秘的愿望而苦恼心伤!
我多么热爱你的回音,
热爱你阴沉的声调,你的深渊的音响,
还有那黄昏时分的寂静,
和那反复无常的激情!
渔夫们的温顺的风帆,
靠了你的任性的保护,
在波涛之间勇敢地飞航;

外国篇

但当你汹涌起来而无法控制时，
大群的船只就会覆亡。
我曾想永远地离开
你这寂寞和静止不动的海岸，
怀着狂欢之情祝贺你，
并任我的诗歌顺着你的波涛奔向远方，
但是我却未能如愿以偿！
你等待着，你召唤着……而我却被束缚住；
我的心灵的挣扎完全归于枉然：
我被一种强烈的热情所魅惑，
使我留在你的岸旁……
有什么好怜惜呢？现在哪儿
才是我要奔向的无忧无虑的路径？
在你的荒漠之中，有一样东西
它曾使我的心灵为之震惊。
那是一处峭岩，一座光荣的坟墓……
在那儿，沉浸在寒冷的睡梦中的，
是一些威严的回忆；
拿破仑就在那儿消亡。
在那儿，他长眠在苦难之中。
而紧跟他之后，正像风暴的喧响一样，
另一个天才，又飞离我们而去，
他是我们思想上的另一个君主。
为自由之神所悲泣着的歌者消失了，

经典诵读

他把自己的桂冠留在世上。
阴恶的天气喧腾起来吧,激荡起来吧:
哦,大海呀,是他曾经将你歌唱。
你的形象反映在他的身上,
他是用你的精神塑造成长:
正像你一样,他威严、深远而深沉,
正像你一样,什么都不能使他屈服投降。
世界空虚了,大海呀,
你现在要把我带到什么地方?
人们的命运到处都是一样:
凡是有着幸福的地方,那儿早就有人在守卫:
或许是开明的贤者,或许是暴虐的君王。
哦,再见吧,大海!
我永远不会忘记你庄严的容光,
我将长久地,长久地
倾听你在黄昏时分的轰响。
我整个心灵充满了你,
我要把你的峭岩,你的海湾,
你的闪光,你的阴影,还有絮语的波浪,
带进森林,带到那静寂的荒漠之乡。